하늘의 예배를 회복하라

worshipleader 워십리더

예배에 대한 성경적 본질과 새로운 관점

하늘의 예배를 회복하라

Worship in Heaven, and Why on Earth It Matters

| 탐 크라우터 |

예배에 대한 성경적 본질과 새로운 관점
하늘의 예배를 회복하라
Worship in Heaven, and Why on Earth It Matters

초판 1쇄 발행 | 2019년 11월 10일
지은이 | 탐 크라우터
번   역 | 가진수

펴낸곳 | ㈜글로벌워십미니스트리
편   집 | 편집팀
디자인 | 박지향
전   화 | 070) 4632-0660 / FAX 070) 4325-6181
이메일 | wlm@worshipleader.kr
등록일 | 2012년 5월 21일
등록번호 | 제 387-2012-000036호

판권소유 ⓒ 도서출판 워십리더 2019
값 15,000원

ISBN 979-11-88876-13-6 03230

「"도서출판 워십리더는 교회와 예배의 회복과 부흥을 위해 세워졌습니다. 예배전문 출판사로서 세계의 다양한 예배의 컨텐츠를 담아 문서선교의 사명을 감당할 것입니다. 한국교회의 목회자, 워십리더, 예배세션뿐만 아니라 모든 크리스천들이 하나님의 임재를 경험할 수 있도록 열정을 다하고 있습니다."

「이 책의 모든 내용은 신 저작권법에 의해 저자와 독점 출간 저작권 보호를 받으므로 허락 없이 무단전제와 복제를 할 수 없습니다」   (Printed in Korea)

'하늘의 예배'를 통해
당신의 예배를 새롭게 하십시오.
당신의 삶이 회복될 것입니다.

| 목 차 |

서 문　　　　　　　　　　　　　　　　　　　　　　9

제1편 천국에서 드리는 예배는 어떤 것인가?　　　11

천국에서 드리는 예배_ 본질로 돌아가기　　　　　　13
천국에서 드리는 예배_ 정상적인 것은 무엇인가?　　51
이 땅에서 드리는 예배는 천국에서 드리는 예배를 위한 연습이다　　57
천국에서 드리는 예배는 회중의 예배이다　　　　　63
천국에서 드리는 예배는 다양하다　　　　　　　　70
천국에서 드리는 예배는 시끄럽다　　　　　　　　79
천국에서 드리는 예배는 드러내는 것이다　　　　　90

제2편 왜 천국에서 드리는 예배는 이 땅에서 드리는 예배와 다른가?　　104

세상과 육신과 사탄은 오직 하나님으로 말미암아 예배에 대적할 수 있다　　105
우리는 분리된 세계관을 가지고 있다　　　　　　　119
우리는 초점을 잘못 맞추고 있다　　　　　　　　　126
우리는 하나님에 대한 잘못된 인식을 가지고 있다　146
우리는 살아계신 주님께 경건하지 않는다　　　　　158

나가는 말　　　　　　　　　　　　　　　　　　　172
주석　　　　　　　　　　　　　　　　　　　　　　181

들어가기

　나의 아버지는 위대한 목수였다. 그는 육체노동자에서 사무직원이 된 후에도 자동차 만드는 일을 여전히 매우 즐겨 하셨다. 내가 부모님과 함께 살 때, 거의 매일 아버지께서는 차고에서 누군가의 차를 고치셨다. 나도 보았거니와 우리 가족과 아버지의 친한 친구들이 즐겨 말하는 것처럼 아버지는 눈을 감은채로 엔진을 분해하고 조립할 정도로 뛰어났다. 그건 하나님께서 주신 은사였다.

　불행히도, 나는 그런 은사를 정말 1도 물려받지 못했다. 자동차가 없으면 살 수 없는데도 수리를 전혀 할 줄 모른다. 그래서 자동차 수리를 해야 할 때면 전문가에게 간다.

　몇 년 전, 내 차가 심하게 한쪽으로 쏠렸던 것을 기억한다. 쏠림현상은 잠시 후에 없어졌지만 결국 수리공에게 수리를 맡기

기로 했다. 수리공은 차바퀴의 정렬에 문제가 있다고 했다. 그는 나에게 앞바퀴 두개가 한 면만 닳았다며 보여주었다. 여하튼, 뭔가 문제가 있어 보였다. 아마도 그는 내가 파인 웅덩이나 비슷한 뭔가에 부딪친 건 아닌지 궁금했던 것 같았다. 수리하지 않으면 바퀴는 더 심하게 닳는다고 확신에 차서 말했다. 나는 웃으며 알겠다고 했다. 한편으로 이 부분이 내가 잘 알고 있는 몇 안 되는 기술적인 부분 중에 하나여서 솔직히 흥분되었다.

차바퀴 정렬의 문제로 차가 한쪽으로 쏠린 것이다. 정렬이 잘못될수록 차는 더 많이 쏠린다. 정렬이 이상할 때 차가 똑바로 간다는 건 불가능한 일이다.

그 이유는 바로 여기에 있다. 그 정렬을 교회에, 특히 예배에 비유할 수 있다. 우리는 가야할 방향을 잃고도 깨닫지 못할 때가 있다. 목회자든 성도든 한쪽으로 쏠릴 때 그것을 깨닫지 못할 때가 있다. 이를 알든 알지 못하든, 우리는 정렬을 다시 해야 한다.

이 책에서 정렬이 잘못 되면 어떻게 되는지 설명하고 바로 잡으려면 무엇을 해야 하는지에 대한 생각을 전하고자 한다. 잘못된 정렬을 인식하여 이를 바로잡기 위해 필요한 조정하기를 원하고 기도한다.

Worship in Heaven,
and Why on Earth It Matters

|제 1 편|

천국에서 드리는 예배는 어떤 것인가?

천국에서 드리는 예배
_ 본질로 돌아가는 것

다음은 요한계시록에 나오는 천국에서 드리는 예배를 토대로 구성된 이야기이다. 뒤이어 이야기를 통해 읽었던 것을 다시 나누며 오늘날 우리에게 이 이야기가 어떤 의미가 있는지 대화할 것이다.

* * *

현관 벨이 울렸다. 이상하다고 생각했다. 이 시간에 올 사람이 없는데? 올 사람이 누가 있는지 생각하느라 머리가 복잡해졌다. 택배원인가? 도무지 떠오르지 않았다. 모르몬교 사람이나 여호와의 증인인가? 더 가능성 있는 사람을 떠올려 보았다. 아마 도움이 필요한 이웃일거야. 아니면 새로운 물건을 팔러 온 판매원일거야. 제발 이 사람만은 아니길 바라지만.

문을 열어보니 내가 상상했던 사람은 전혀 아니었다. 대신 중년의 두 여성이 서 있었다. 둘 다 중동 지방 사람처럼 보였는데 검은색 머리에 짙은 어두운색의 눈과 내 피부보다 더 검은 피부색을 지니고 있었다. 쳐다보는 눈빛이 긴장되어 보였다. 그러나 그들이 찾아온 이유가 무엇인지 내가 묻기도 전에 내 오른쪽 편에 서 있는 여성분이 먼저 말하기 시작했다.

"안녕하세요. 저는 마르다라고 해요. 이 사람은 내 동생이랍니다." 그녀는 명료하고 특색 있게 말했지만 확실히 중동 지방 억양이었다.

"조금 이상하게 들리겠지만, 우리는 당신에게 어떤 이야기를 들려주려고 왔어요." 그녀는 잠시 말을 멈추고는 약간 긴장한 듯이 또다시 주위를 둘러보았다.

"어떤 이야기라고요?" 이 말이 얼마나 우스꽝스러운지 알려주려고 최선을 다해 그녀의 말을 따라했다.

"그래요." 그녀가 대답했다.

"당신도 알 거에요, 우리의 친구 요한을..."

그녀가 계속 얘기하려고 하자 그녀의 동생이 끼어들었다.

"요한, 우리의 사랑하는 친구 요한..." 그녀의 동생은 더 빠른 속도로 명료하면서 동시에 단호하게 말했다.

"요한은 혼자 살다가 어느 날 천사가 그의 앞에 나타났어요." 그녀는 말을 멈추고 내 눈을 지극히 바라보았는데 아마도 내가 문을 쾅 닫고 들어가 버리지 않을까 걱정하는 것 같았다.

마르다는 그녀의 동생과 둘만 아는 눈빛을 보내고는 다시 말하기 시작했다.

"요한은 놀라운 비전을 가졌어요, 그리고..." 그녀는 잠시 머뭇거리더니 계속 말을 이어갔다.

"그리고 주님이 당신과 그 비전을 나누도록 이 곳으로 우리를 인도하셨어요." 그녀는 또다시 잠시 동안 말을 멈추고는 다시 이어갔다.

"분명히 당신이 들어야 할 중요한 것이 있어요." 또 한 번 조금 더 오랫동안 머뭇거리더니

"들어가서 얘기해도 될까요?"라고 물었다.

나는 마르다와 마리아를 번갈아 보았다. 뭐라고 대답해야 할지 확신이 서지 않았다. 두 명의 이상한 분명 외국인 여자들이 내 집에 들어와서 천국의 메시지를 말해주겠다고 나에게 묻고 있었다. 이것은 현관문을 열 때 상상조차 하지 못한 일이었다. 이 두 여자들은 정말 하나님이 보내신 선교사이거나 아니면 완전히 정신 나간 사람임에 틀림없었다. 나는 잠시 망설였고 이내 이 둘

중 어느 쪽이 확률이 높을지 깊이 생각했다. 어쩌면 생각지 못한 또 다른 인물일 가능성도 있었다. 결국, 나는 그들을 집 안으로 들어가게 해주었다. 솔직히 말하면, 내 결정에 후회할지도 모른다는 의문이 생겼다.

우리 집에 들어와 쭉 걸어가면 거실이 나온다. 그 두 여자는 거실로 들어서자, 마치 처음 보는 듯 여기저기를 둘러보았다. 나는 그다지 집에 공을 들이지 않는 사람이다. 미국식으로 우리 집 거실은 작고 평범하게 꾸며져 있다. 그래서 그들의 놀라운 반응은 내가 보기엔 매우 이상했다. 대체 이 여자들은 누구이고 어디서 온 거지? 정말 궁금했다.

나는 마르다와 그녀의 동생을 소파에 앉도록 안내했다. 그런데 그들은 소파에 앉기 전에 소파에 대해 칭찬을 늘어놓았다. 내 아내와 나는 결혼 전에 그러니까 30년도 훨씬 전에 그 소파를 샀다. 낡은 곳을 복원하긴 했지만 특별한 점이 전혀 없는 소파였다. 그저 평범한 소파라고 생각하며 그들이 앉은 맞은 편 의자에 앉았다.

긴장된 기운이 잠시 감돈 후에 마르다가 입을 열었다.

"전체 이야기를 다 들려줄 시간은 없지만 당신이 꼭 들어야 하는 일부분만 들려줄 거예요."

앉아 있으면서 도대체 내가 그들의 친구 요한에 대해서 꼭 들어야 하는 중요한 이야기가 무엇인지 궁금해졌던 건 사실이다. 이 이야기는 약간 제정신이 아닌 이야기 같았지만 나처럼 모험심 강한 사람을 위한 이야기였다. 나는 약간 안달 났지만 참을성 있게 기다렸다.

"요한의 비전 이야기의 첫 부분에서 주님이 교회에 경고와 확언을 주셨어요. 주께서는 몇 가지 중요한 질책과 격려의 말씀을 하셨어요. 예를 들면, '미지근해지지 말라.' 그리고 '스스로 특별하다 여기지 말라'와 같은 말씀이었죠." 그녀는 잠시 멈추고는 다시 이어갔다.

"하지만 그때 요한이 천국을 봤어요."
"사실, 그가 천국에 갔다 왔다고 하는 게 더 맞는 말이에요." 그녀의 동생이 끼어들었다.

"요한은 천국에서 하는 모든 것을 보고 느끼고 맛보고 안다고 말했어요. 그건 명백히 보았다는 말로는 설명이 안되죠. 그는 거기에 갔다 온 거예요." 마르다의 동생이 마르다에게 미소를 짓자 마르다도 동생에게 미소를 지었다.

"마리아 말이 맞아요."라고 마르다가 말했지만 그녀의 목소리가 약간 날카롭게 들려서 왠지 나에게 그들이 이야기하는 동안 서로 중간 중간 끼어드는 것이 걱정되었다. 자꾸 서로 끼어들다 혹여 싸우게 되지 않을까?

그런데 그때 모든 것이 분명해졌다. 그녀가 "마리아?"라고 말했던가? 그 마리아와 마르다? 나사로의 여자 형제들, 그 여인들? 어떻게 이런 일이 있을 수 있지? 마리아와 마르다는 예수님이 이 땅에 살아계시며 복음 전할 때 함께 했던 친구들이었는데? 그들이 살아 있을 리가 없잖아?!

이런 생각이 내 머리를 복잡하게 할 때, 마르다가 계속 말을 이어갔다.
"요한은 보았다기보다 아마 잘 모르겠지만 천국으로 이동했을 거예요. 어찌됐든 그가 천국에서 드리는 예배를 보았으니까요." 그녀는 나를 정면으로 쳐다보았다.
"당신은 하나님께 예배드리는 것을 사람들에게 가르치지요, 그렇지 않나요?"

어떻게 그녀가 이 사실을 알고 나에 대해 얼마나 더 알고 있는 거지? 나는 궁금했다.

"어.. 맞아요. 교회에서 예배를 드리는 방법을 가르치고 예배는 나에게 최우선적인 주제이지요. 하지만 어떻게 당신이..." 나는 질문을 마저 할 수 없었다.

"그러면 모든 사람들 중에 특별히 당신이 요한이 보았던 것을 꼭 이해해야 하군요."라며 마리아가 중간에 끼어들었다.

"요한이 표현한 그 장면과 묘사는 사람들이 이해하는 예배에 대한 관점을 바꿀지도 몰라요. 아마 당신의 관점조차도요." 마리아가 곁눈질로 마르다를 힐끗 보았다.

"오오," 그녀가 마르다를 힐끗 보면서 말하고는 다시 나를 보면서 말했다.

"마르다가 이야기하도록 가만히 있으려고 했어요. 지금까지 내가 잘 참고 있지 않았나요?" 그녀는 초조함으로 킥킥 웃어댔다. 그녀는 나와 마르다에게 미소를 짓고는 당황함을 감추려고 그녀의 다리 쪽을 내려다보았다.

그녀의 동생이 미소 지었다. 마르다는 격조 있게 말하며 마리아보다 좀 더 예의바른 모습이었다. 마리아는 별로 생각하지 않고 무작정 뛰어들기를 좋아하는 것 같았다. 마르다는 단언컨대 정돈되고 질서정연한 것을 선호했다. 그녀의 말은 계산되고 주의 깊은 반면에 마리아의 말은 즉흥적이고 충동적이었다.

마르다가 다시 말을 시작했다.

"요한이 말한 천국에 대한 묘사는 사실 매우 터무니없는 것 같아요. 그는 보았던 것을 정확하게 묘사하려고 계속 말을 했어요." 그녀는 잠시 멈춘 후에 신중하게 말을 이어갔다.

"하지만 그가 말을 하려고 하면 할수록 그녀는 괴로웠던 것 같아요." 마리아가 또다시 끼어들었다.

"나도 동생과 똑같이 생각해요. 그는 보았던 것을 정확하게 우리의 언어로 옮기지 못했던 것 같아요. 그가 보았던 모든 것이 그 짧은 몇 단어로 설명이 된다는 건 놀라운 일이에요. 이 땅의 언어로는 그가 묵시했던 천국의 모습을 형용할 수 없었어요. 적당한 말이 없어서 요한은 좌절했어요."

"맞아요." 마르다가 대답했다.

"확실히 그는" 그녀가 말을 멈추었고 잠시 천장을 바라보더니 다시 말하기 시작했다.

"당신은 뇌졸중을 앓고 있는 사람들을 만난 적이 있어요, 그렇지요?" 나는 고개를 끄덕였다.

"당신은 그들이 말할 때 얼마나 애쓰는지 알지요? 그들은 머릿속에 하고자 하는 적절한 말을 알고 있지만 소리로 내뱉을 수 없잖아요?" 사실 며칠 전에 친한 친구와 그런 상황을 맞닥뜨린 적이 있었다. 나는 또다시 끄덕이며 "네."라고 대답했다.

"그래요, 요한도 그랬을 거예요. 그는 보았던 것이 무엇인지 알았고 생생하게 모든 순간을 기억했어요. 모든 것이 세세하게 그의 기억 속에 각인되었어요. 마치 하나님이 초자연적으로 요한의 머릿속에 각인시킨 것처럼 말이에요. 하지만 그 모습을 전달하려고 애쓰고 다른 사람들에게 그가 보았던 것을 마음속에 그리도록 하는 것은 완전히 다른 문제였어요."

"정확해요."라고 마리아가 덧붙였다.

"솔직히," 마르다가 계속 이어갔다.

"나는 마리아와 내가 똑같은 문제를 겪을까봐 두려워요. 최선을 다해서 이야기하겠지만 요한이 보았던 것을 우리가 보지는 못했으니까요. 우리도 전해들은 말밖에 없어요. 물론 요한은 적절하지 않다고 생각했던 말이지만요."

나는 미소 지었다. 갑자기 아까보다 훨씬 더 편안한 느낌이 들었다. 끝이 나쁠 것 같지 않았다.

"괜찮아요."라고 내가 말했다.

"두 분은 그냥 이야기해 주세요. 제가 궁금한 것이 있거나 이해가 잘 안되면 여쭤볼게요. 알겠죠?" 이야기가 점점 흥미롭다는 생각도 들었다.

"완벽해요"라고 마르다가 대답했다. 그녀는 단어를 신중히 택하려고 최선을 다하면서 처음부터 이야기를 다시 시작했다. 하지만 그녀가 말하려고 하자 이상한 일이 벌어졌다. 그녀의 말이 점점 흐릿해졌다. 그녀의 입은 계속 움직이고 있지만 소리는 점점 약해져갔다. 그때 갑자기 귀가 찢어질 듯 큰 트럼펫 소리가 들렸다. 아마 숫양의 뿔피리 소리였던 것 같다. 어쩌면 트롬본 소리였을 지도 모른다. 악기가 무엇이든 엄청 큰 소리였던 건 확실하다. 세련되고 짧고 작은 피리 소리는 아니었다. 소리가 멈추지 않았다. 나는 그 소리로 밤에 일하는 옆집 이웃이 깨지 않기를 바랐다.

귀를 멀게 만들 것 같은 시끄러운 소리가 날 때 농담이 아니라 정말로 우리 집 한쪽 벽면이 서서히 줄어들더니 밖으로 기울기 시작했다. 그런데 단지 벽만 그런 것이 아니었다. 벽에 붙어 있던 피아노도 책장도 나에게서 점점 멀어지기 시작했다. 그 시끄러운 소리가 이렇게 만든 것인지 알 수는 없었지만 지붕이 무너져서 우리를 덮칠까봐 걱정되었다. 그리고 딸의 신상 피아노가 정말 걱정되었다. 하지만 벽 건너편에 있는 것들이 눈에 보이기 시작하면서 지붕이나 피아노에 대해 걱정할 필요가 없다는 것을 깨달았다. 벽 너머 바깥세상은 평소 우리 집 바깥 풍경과 사뭇 달랐다. 아니 완전히 달랐다. 도로, 나무, 마당 등등 있어야 할 것들이 그대로 있는데 내 눈에는 다르게 보였다. 전혀 같지 않았다.

나는 마르다와 마리아를 재빨리 힐끗 보았다. 그들의 얼굴 표정을 보니 나만큼 적잖이 놀란 것 같았다. 입을 다물지 못한 채 커피 받침 잔 만큼 커진 눈을 동그랗게 뜨고 있었다. 벽을 사라지게 하는 속임수는 확실히 그들의 계획이 아니었음에 틀림없다.

벽이 완전히 사라졌을 때 우리는 또 다른 벽을 보았는데 그 벽은 크고 손으로 광택을 낸 나무로 되어 있으며 화려하게 장식된 조각이 붙여진 적갈색 같기도 하고 호두나무 색 같기도 한 벽이었다. 높이가 약 6미터 남짓 되는 이 벽은 정 가운데 정교하게 조각된 문이 있었고 그 문이 조금씩 열리고 있었다.

나는 마르다와 마리아를 다시 쳐다보았다. 그들은 더 이상 앉아 있을 수 없었던 모양이다. 앉아있는 대신 조각된 문 쪽으로 천천히 걸어가고 있었다. 나는 잠시 머뭇거리다가 그들과 떨어져 있기 싫어서 마지못해 따라갔다. 무슨 일이 일어날지 모르겠지만 앞으로 펼쳐질 모험을 놓치고 싶지 않았다.

하지만, 우리가 앞으로 가면 갈수록 거실 카펫 위를 걷고 있지도 않았고 사라진 벽 밖에 있어야 하는 자동차 길 위를 걷고 있지도 않았다. 오히려 온 사방으로 뻗어있는 빛나는 대리석 위를 걷고 있었다. 나는 가구에 대한 전문적인 지식은 없지만 그 길이 대리석 길이라는 건 확실히 알았다. 대리석처럼 보이는 비닐이나 세라믹 타일이 아니었다. 그런데 어떻게 대리석 바닥이 생겨난 것인가? 나는 의아했다. 신기하게도 하필 그때 옛 기억이 떠올랐다.

우리가 문을 향해 걸어가는 중에 우연히 몇 년 전 디즈니월드에 갔던 기억이 떠올랐던 것이다. 우리 가족은 그 곳에 며칠 동안 머물렀는데 디즈니월드에 도착하고 몇 시간 동안은 그 곳의 특수효과로 인해 우리가 있는 곳이 진짜인지 가짜인지 헷갈렸다. 지금도 그때처럼 그런 것인가? 진짜인가? 아니면 내가 꿈꾸고 있는 건가?

우리는 서둘러 문을 열고 나갔는데 매우 큰 방이 있었다. 뒤쪽 벽은 아예 보이지도 않았다. 내 기억에 벽이 몇 미터 떨어져 있었던 것 같다. 천장도 보이지 않았다. 내가 가 보았던 어떤 방보다도 아니 심지어 경기장보다도 더 컸다.

곁눈질로 힐끗 보니 마르다가 오른쪽을 응시하고 있었다. 나도 그녀가 보고 있는 곳을 보았다. 그 곳에는 큰 보좌가 있었다. 하지만 보좌가 적절한 표현인지 모르겠다. 내가 영화에서 보았던 어느 보좌보다 훨씬 더 정교했다. 아서 왕이나 엘프 왕 영화에 나오는 우스꽝스럽고 위엄 없는 보좌와 비교가 되지 않았다. 당신이 상상할 수 있는 최고의 보좌를 생각하라. 그 보좌에 만 배나 더 장엄한 보좌가 바로 그 보좌이다. 이 보좌는 단단한 금으로 만들어졌고 가장 크고 정교한 보석이 아로새겨진 장식용 채문이 있다. 내가 어렸을 때 세상에서 가장 큰 블루 다이아몬드를 본 적이 있는데 이 보좌에 아로새겨진 보석의 아름다움을 보니 그 블루 다이아몬드는 시시하게 느껴졌다. 이 보좌는 단언컨대 인류가 만든 그 어떤 보좌와 차원이 달랐다.

그러나 그 보좌는 거기에 앉았던 바로 그 분에 비할 바가 못 되었다. 그 분은 젊어 보이기도 하고 동시에 늙어 보이기도 했다. 그 분은 순수하기도 하고 지혜와 명찰을 겸비하기도 했으며 장엄하고 웅장하기도 하고 거짓 없고 겸손하기도 했다. 이 날 나는 어떻게 저 모든 모습이 그 분에게서 다 보이는지 이해할 수 없었다. 그리고 훨씬 더 많은 말로 형용하고 싶었지만 말로 다 표현할 수가 없었다. 나는 왜 요한이 그 분의 모습을 보고 말을 제대로 할 수 없었는지 알 것 같았다.

내가 보좌에 앉은 그 분이 빛난다고 말했던가? 신부나 곧 어머니가 될 여자에게 "그녀가 참 빛났다."라고 하는 말을 의미하는 것이 아니다. 그 분은 정말 빛났다. 진짜 그 분에게서 빛의 광선이 비취었다. 그 분에게서 나오는 빛이었다. 그 빛은 움직이는 순간순간마다 변하고 또 색이 달라졌지만 촌스럽게 현란하거나 화려하지 않았다. 아니 전혀 그렇지 않았다. 웅장하고 장엄해보였다.

나는 일전에 천사를 보았던 사람들이 천사가 빛이 난다는 말을 하는 것을 들은 적이 있다. 아마 천사들도 빛이 나겠지만 이 분은 천사는 아니었다. 그 분에게서는 번개도 번쩍거렸다. 온 사방으로 번개가 번쩍거렸다. 그 분에게서 낮게 들리는 천둥소리조차도 내가 우연히 갔던 영화관에 입체 음향 스피커 소리를 힘없고 공허한 것으로 치부하게 만들었다. 그 장엄함, 위엄, 광채 그리고 웅장함은 전혀 흠이 없었다. 이 분은 그의 보좌에 앉으신 전지전능하신 하나님이었다.

나는 할 말을 잃은 채 그저 바라만 보았다. 말은 고사하고 문을 열고 걸어왔을 때부터 숨조차 크게 쉰 적이 없었다. 솔직히, 내가 숨을 쉬는 게 신기할 정도였다. 숨을 쉴 필요조차 없었을지도 모른다.

그 때 "나는 상상만 할 수 있어요."라는 노래가 머릿속에 메아리처럼 들리기 시작했다. 가끔 그러했듯이 또다시 엉뚱한 생각이 떠오른 것이다. 참 이상하다고 생각했다. 나는 더 이상 상상할 필요가 없다. 나는 진짜 여기 있다. 하지만 내가 참석자가 아닌 참견자로 그곳에 있다는 것을 깨달았다. 잠시 동안 그대로 상상해도 좋을 듯하다.

스물 네 개의 다른 보좌가 하나님의 보좌 옆에 중앙을 향해 있는 것을 보고 나는 눈이 휘둥그레졌다. 이 보좌들도 내가 전에 보았던 보좌들보다 훨씬 정교했지만 하나님 보좌에 비하면 보잘 것 없었다. 각각의 보좌에 금관을 쓰고 있는 다소 늙어 보이는 사람이 눈부시도록 하얀 의복을 입고 앉아있었다. 흰색 의복의 광채가 또 다른 모습으로 나에게 놀라움을 주었다. 하나님의 광채에 가까이 가면 갈수록 그 의복은 광이 없어지고 심지어 가장자리가 흐릿해졌다.

그때 나는 나와 보좌 사이에 희미하게 빛나는 호수가 있다는 것을 알게 되었다. 하지만 평범한 호수는 아니었다. 이것이 나에게 충격을 주었다. 호수의 잔잔한 물결이 제자리에 멈춰있는 듯 했다. 물이 얼어버릴 만큼 춥지도 않았다. 그리고 호수는 금으로 만들어진 것처럼 보였다. 사실 반짝 거리는 것으로 봐서는 유리로 만들어졌다고 하는 편이 더 맞을 것 같다. 움직이지 않는 것처럼 보여도 어쨌든 호수임에 확실했다. 베드로와 요한 심지어 우리 아버지도 이 호수에서 낚시를 했는지 갑자기 궁금해졌다. 참 상황에 어울리지 않는 궁금증이지만 말이다.

내 눈이 그 호수 빛에 익숙해질지 아닐지 의문스러워할 때쯤 갑자기 다른 장면이 눈에 들어왔다. 그런데 이 광경은 정말 낯선 광경이었다. 네 명의 피조물이 하나님 보좌를 둘러싸고 있었다. 그 피조물은 24개의 보좌보다 하나님 보좌에 더 가까이 있었다. 왜 내가 그 피조물부터 보지 못했는지 의문스러웠지만 아무튼 24개의 보좌에 있는 사람들과 많이 다른 모습이었다. 정말 달랐다. 완전히 달랐다.

그들 중 한 명은 사자같이 생겼다. 그 옆에 있는 한 명은 황소같이 생겼다. 그 옆에 있는 한 명은 거의 사람같이 생겼다. 마지막 한 명은 독수리를 닮았다. 하지만 이상한 점은 네 명 모두가 눈이 있었다. 그냥 눈이 있어서 이상한 것이 아니라 우리와 다른 눈을 가지고 있어서 이상했다. 너무 많은 눈을 가지고 있었기 때문이다. 앞뒤로 다 눈이 있었다. 정확히 말하면 눈으로 덮여 있었다. 정말 이상했다.

이게 전부가 아니다. 네 명의 피조물들은 각자 여섯 개의 날개가 있었다. 이 피조물과 비슷하게 생겼는데 날개가 네 개 달린 피조물이 나오는 영화를 본 적이 있다. 그것도 매우 충격적이었는데 하물며 날개가 여섯 개나 달렸으니 너무 이상하지 않은가? 그렇다. 이상한 것 그 이상이다. 그들의 여섯 개의 날개는 눈으로 덮여 있었다. 아래에도 위에도 온 몸에도 다 덮여 있었다. 수백 개의 눈으로 덮인 날개라니. 스티븐 스필버그도 영화제작사 픽사Pixar 팀도 이런 것은 상상도 못해 봤을 것이다.

나는 우리 엄마가 뒤통수에도 눈이 있다는 것을 안다. 그러나 이 피조물의 눈은 그 차원을 넘어섰다. 그들의 눈에 보이는 것을 어떻게 인식하는지 궁금했다. 저 많은 눈을 어떻게 뇌가 조정하지? 아마 천국에서 일거수일투족을 다 보기 위해서는 저렇게 많은 눈이 필요할지도 모른다. 확실히 가능한 일이다.

그 때 문득 내가 이상한 곳으로 잘못 들어간 건 아닐까 하는 생각이 들었다. 네 명의 피조물이 말했다. 각자 말을 했는데 나는 그 말을 이해할 수 있었다. 사람같이 생긴 한 명이 말할 때가 제일 이해가 잘되었다. 그 피조물은 나에게 불안함을 주지 않았다. 하지만 사자, 황소 그리고 독수리같이 생긴 피조물들도 그럴까? 텀너스Tumnus, 나니아 연대기의 반신반수 새끼 사슴이 걸어오는 것은 아닌지 걱정되기 시작했다. 이건 꿈이어야 해. 적어도 내가 "거룩, 거룩, 거룩하신 주 하나님, 우리와 함께 계셨고 지금도 함께 계시고 곧 다시 오실 전지전능하신 하나님!"[1] 이라는 소리가 들리기 전까지는 꿈일 거라 생각했다. 몇 년이 흐른 지금도 우레와 같이 그 소리가 내 귀에 정확히 들린다.

이를테면 예배를 드리는 동안 찬양에 화음을 넣는 것처럼 사람들이 같은 것을 여러 번 반복할 때 그들이 아무 생각이 없어진다는 것을 나는 들어서 알고 있다. 똑같은 것을 계속해서 되풀이하면 멍 해지는 것 같다. 누군가가 예전에 자주 반복해서 하는 말은 의미 없는 말이 된다고 말했었다. 전반적으로 그 말에 동의했지만 어떤 면에서 반복이 이 이상한 피조물들과 별반 달라 보이지 않았다. 사람들은 말을 반복하면 반복할수록 점점 그 말을 믿어버리는 경향이 있었다. 말이 일상이 되어버리는 것이었다. 이건 사실이었고 그 사실에 대한 사람들의 인식이 점점 증가해서 그들은 이런 말을 하게 된 것이었다.

"거룩, 거룩, 거룩하신 주 하나님, 우리와 함께 계셨고 지금도 함께 하시고 곧 다시 오실 전지전능하신 하나님!"

매번 들리는 소리의 강도는 점점 더 커졌다. 이 말은 계속된 반복을 통해 점점 더 큰 생명력을 얻고 있었다.

그때 나는 또 다른 의문점이 생겼다. 그 네 명의 이상하게 생긴 피조물들이 예배드릴 때 스물 네 명의 늙은 사람들도 함께 예배드렸다. 그들은 하나님 보좌 앞에 얼굴을 숙이고 엎드린 채 그들의 금관을 내려놓았다. 이렇게 하면서 그들은 울부짖었다. "영광과 존귀와 권능받기에 합당한 우리 주 하나님!" 아주 잠시 멈춘 후 그들은 계속 이어갔다.

"모든 만물은 하나님으로 말미암아 지음 받았고 하나님을 기쁘시게 해드리기 위해 지은바 대로 존재하나이다."[2]

이 장면에서 그들의 모습이 이상하게도 네 명의 피조물들을 연상케 했다. 오해는 하지 말기 바란다. 내 말은 그들이 하는 행동과 말이 정말 이상해 보였다는 뜻이다. 확실히 거울에 비친 모습도 아니었고 무엇인가를 따라 하는 모습도 아니었다. 하지만 마치 네 명의 피조물들과 같이 그들은 계속해서 이 말과 행동을 반복했다.

"영광과 존귀와 권능받기에 합당한 우리 주 하나님! 모든 만물은 하나님을 기쁘시게 해드리기 위해 지은바 대로 존재하나이다."

이 말은 네 명의 피조물들의 말과 뒤엉켜서 천국의 하나님이 계시는 집에 메아리쳤다. 점점 반복의 강도가 증가했다. 이 말은 그들이 하나님을 기쁘시게 해드리기 위해 미리 준비해 놓은 대본을 인용했던 것이 아니었다. 이 사람들은 그들의 모든 말에 전심을 담아 열정적으로 울부짖었다.

그들이 하는 말을 계속 듣고 있으니 명료함과 깊이가 느껴져 놀랐다. 그들은 하나님이 존귀하시다고 선포하며 하나님을 창조주라고 불렀다. 그들의 말은 거의 이렇게 요약할 수 있었다. 그럼에도 불구하고, 그 반복된 말은 나를 곰곰이 생각하게 만들었다. 진실로 그 분이 모든 것을 만드셨다면 그 분은 정말 영광과 존귀와 권능을 받기에 합당하신 분이다. 그렇다면 그 분 앞에서 예배드리며 절하고 그 분의 발 앞에 그들의 왕관을 내려놓는 것은 당연한 일이다. 내가 들은 바에 따르면 나도 그 분이 만들며 기뻐하셨던 창조물 중에 하나였다. 그 사실이 내 마음을 사로잡았고 나도 모르게 그 반복된 말을 기쁘게 따라하게 되었다.

"영광과 존귀와 권능 받기에 합당한 우리 주 하나님! 모든 만물은 하 하나님을 기쁘시게 해드리기 위해 지은바 대로 존재하나이다."

나도 나의 창조주 앞에서 예배드리며 절했다.

비록 마리아와 마르다 그리고 나는 주님 앞에 예배드리느라 정신없었지만 우리가 애당초 배우기 위해 참견자로 거기에 가도록 택함 받았다는 것을 알게 되었다. 내가 두 자매를 보았을 때 그들은 나로부터 몇 미터 떨어진 곳에 앉아서 속삭이고 있었다. 나에게 그들이 있는 곳으로 오라고 말했다.

"내가 아까 전에 말했던 것이 바로 이거에요."라고 마리아가 속삭였다.

"천국 백성들은 자기 자신에 대해 말하지도 생각하지도 않아요. 그들의 예배에는 이기적인 생각이나 행동이 전혀 없어요. 오직 주님께만 초점이 맞추어져 있지요. 이런 예배의 모습은 세상에 속한 우리나 당신과 같은 사람들의 문화 속에 나타나는 예배의 모습과 다르다고 생각해요. 사람은 너무 자기중심적이니까요. 하지만 우리와 당신과는 달리 이 천국 백성들은 하나님께만 전적으로 초점이 맞추어져 있지요."

나는 동의할 수밖에 없었다. 땅에서 내가 경험한 그 어떤 예배와 완전히 달랐기 때문이다.

"주께서는 제자들에게 기도하라고 가르치셨을 때 '하나님의 뜻이 하늘에서와 같이 땅에서도 이루어지게 하소서'라고 기도하게 시키셨어요. 주께서 이를 통해 알리고자 하시는 바는 이 땅에서 우리가 하는 행동과 생각과 말이 점점 천국의 방식과 같아져야 한다는 것이지요. '하늘에서와 같이 땅에서도.' 우리의 삶과 행동이 천국에서의 삶과 행동의 거울이 되어야 해요. 즉, 천국은 우리의 모델이자 우리의 표본이 되어야 한다는 말이지요. 그리고 우리가 이를 염두해 둔다면 우리의 예배도 이러해야 해요."라고 마르다가 덧붙였다.

마르다는 사색하는 시간을 잠시 갖더니 다시 이어갔다.

"아마도 특별히 우리의 예배 말이에요."

"맞아요" 마리아가 끼어들었다.
"우리가 정신 바짝 차리고 있는 힘껏 우리를 사로잡고 있는 이기적인 생각을 밀어버려서 주님 한 분만 똑바로 바라보아야 해요. 우리가 여기 천국에서 본 그 예배의 모습을 잊지 말아야 해요."

나는 또다시 동의하며 끄덕였다. 마리아가 아까 말했던 것처럼 이 우연한 만남이 확실히 내 생각을 많이 바꿔놓았다는 것을 깨달았다. 예배를 드릴 때 하는 말과 찬양 또는 예배 의식을 내가 이전에 가지고 있었던 관점 그대로 앞으로 할 수 있을까? 내가 이전에 예배드리며 불렀던 찬양과 말이 얼마나 이기적이고 자기중심적이었는지 알게 되었다. 내가 여기 천국에서 지금까지 보았던 것은 내 기준을 송두리째 바꿔놓았다. 그 당시에 내가 깨달은 바는 아주 작지만 내 안에 궁극적으로 큰 변화를 일으키는 시발점이 되었다.

우리가 보좌 쪽으로 다시 시선을 옮겼을 때 장면이 바뀌었다. 어떻게 한 장면이 진짜 삶에 변화를 일으키는지 묻지 말아주기 바란다. 나는 영화에서나 생생한 극장에서나 종종 한 장면이 어떻게 줄거리에 변화를 일으키는지는 알고 있지만 이는 차원이 다른 것이었다. 영화도 아닐 뿐더러 연극도 아니어서 도무지 어떻게 이런 일이 있을 수 있었는지 모르겠다. 그냥 모든 것이 변했다.

두루마리가 하나님의 손에 나타났다. 어디선지 모르게 갑자기 나타났다. 두루마리의 내용에 대해 알 수는 없었지만 고풍스러운 인장이 찍힌 채로 봉인되어 있었다. 두루마리가 나타나자마자 대천사가 함께 나타났다. 그는 무엇인가를 찾는 듯 했지만 분명 찾지 못한 것 같았다. 그래서 그는 어떠한 경고도 없이 "두루마리를 열 자가 있느냐, 누가 이 봉인을 깨뜨릴 수 있느냐?"[3]

라고 크게 소리쳐 말했다. 그의 큰 목소리가 온 벽에 메아리쳤고 내 심장을 흔들어댔다.

침묵이 흘렀다. 아주 오랫동안 고요한 침묵이 흘렀다. 아무런 답이 없었다. 아주 미세한 소리도 나지 않았다.
정말로 모인 사람 중에 아무도 두루마리를 열 수 없는 것인가? 어느 누구도?

아무도 없었다. 압도하는 듯 정적만 흐를 뿐이었다.

어떻게 왜 내가 갑자기 예리하게 아니 초자연적으로 알게 되었는지 모르겠지만 두루마리를 여는 것이 아주 중요한 일이라는 것을 알게 되었다. 정말로 중요한 일이었다. 지금까지 내가 본 모든 현상의 조합으로 인한 것인지 순간적인 감정에서 우러나온 것인지 잘 모르겠지만 나는 울음이 터졌다. 만약 아무도 두루마리를 못 열면 어떻게 되는 거지? 확실히 알지는 못했지만 뭔가 좋은 일이 생길 것 같진 않았다. 그래서 나는 흐느꼈다. 마리아와 마르다를 보니 그들 또한 울고 있었다.

과거를 회상하면서 한 편의 비디오를 보는 것이기를 바랐다. 우리 셋은 바닥에 누워서 울고 있었다. 이상한 상황임에 틀림없었다. 완전히 확신할 순 없지만 우리가 그 곳에서 겪었던 모든 일들은 "이상한" 범주로 분류할 수 있는 것이었다. 하지만 나는 이에 동의하지 않는다.

갑자기, 대리석 바닥 위에 내가 누워 있을 때 우리 뒤에 누군가가 서 있다는 것을 어렴풋이 느꼈다. 곁눈질로 보니 그는 보좌 중 한 자리에서 내려온 장로였다. 그는 보좌에서 잠시 자리를 떠나 우리에게 걸어온 것이었다. 나는 필요 이상으로 그 모습에 너무 많이 치중하고 있는 건 아닌지 걱정되었다. 하지만 내가 그를 바라보았을 때 그는 "울지말라! 보라, 다윗의 후손인 유다의 사자가 승리하였다. 그가 두루마리를 열 수 있다"[4]고 말했다.

그의 말이 이해되었을 때 나는 보좌 쪽을 향해 돌아보고 있는 나를 발견했다. 아니나 다를까, 중앙 보좌에 양이 앉아 있었다. 하지만 평범한 양은 아니었다. 내가 거기에서 보았던 것 중 "평범하다"고 말할 수 있는 게 있기나 한 건지 의문스럽기 시작했다. 이 양은 일곱 개의 뿔과 여섯 개의 눈을 가지고 있었다. 존재 자체만으로도 이상하게 보였지만 내가 그 양을 바라보았을 때 그 양이 도살되어서 피가 다 쏟아졌다는 것을 알게 되었다. 하지만 그 곳에 살아 있는 채로 멀쩡히 서 있었다.

다른 사람들의 꿈에 대해서는 잘 모르겠지만 내 꿈에서는 트랜스포머가 변하는 것처럼 가끔 무엇인가가 다른 것으로 변하곤 한다. 어느 날 꿈에 내가 오래된 패밀리밴을 운전하고 있었는데 그 차가 갑자기 신상 최고급 차로 변했다. 멋진 일이다! 설명할 수 없는 일이 꿈에서 일어난 것이다. 이런 일은 현실에서는 일어날 리 만무다. 아니, 흔치 않은 일이다.

내가 보좌에서 보았던 것으로 뚜렷하게 기억하는 그 어린 양이 보좌로 걸어오더니 보좌에 앉아 있는 그 분에게서 두루마리를 받아갔다. 도무지 이해는 안 가지만 내가 본 그대로를 말하는 중이다. 그 어린 양이 두루마리를 받아가자 네 명의 피조물과 모든 늙은이들은 어린 양 앞에 엎드렸다. 단지 엎드리기만 한 게 아니라 그들 스물여덟 명 모두가 비파와 향료로 가득 찬 금 그릇을 들고 있었다. 그들이 비파를 연주하려고 했는지 확실히 모르겠다. 그들이 비파를 연주하는 것을 보지는 못했다. 확실한 건 내가 여태껏 들어 보았던 노래 중에 가장 영광스러운 노래를 그들이 비파로 뽐냈다는 것이다. 향료의 달콤하고 풍부한 향기가 온 방을 가득 채웠고 음악과 섞이고 매우 친밀하게 되었다. 그 소리와 향료는 거의 하나가 되었다.

내가 그 곳에서 보았던 것의 아주 일부분만 이 글에 쓸 수

밖에 없다. 요한이 보았던 것을 설명하려고 애썼다고 말한 마르다의 말이 이제는 훨씬 더 이해가 간다. 우리가 쓰는 단순한 말로는 적절한 묘사를 할 수 없다. 보았던 모든 모습을 다 담기에 충분한 말이 정말 없다. 확실히 이해하고 싶다면 그곳에 가보는 길밖에 없다.

보좌를 향해 음악과 향료가 들려 올라갔을 때 비파 음악 소리가 목소리의 화음을 원하고 있었다. 그래서 장로들과 피조물들은 어린 양을 위해 단순하지만 심오한 새 노래를 불렀다.

> 두루마리를 들고 봉인을 열기에 합당하신 분
> 죽으시고 그 피 값으로 하나님의 백성들을 얻으셨네
> 모든 족속과 언어와 백성들과 민족들을
> 하나님의 통치가 임하는 왕으로 성도들로 만드셨네
> 그들이 이 땅을 다스리게 하옵소서 [5]

음악도 향료도 없이 이 노래 가사만 있으면 뭔가 심심할 것 같다. 종이에 적힌 글보다 훨씬 더 장엄하게 전달할 수 있었다. 놀라운 시각적 조합과 힘 있는 소리 그리고 멋진 향기가 압도적으로 자극적인 경험을 만들어주었다.

내가 보고 들었던 것이 그 어떤 대본이나 예행연습 없이 했다는 것을 믿을 수가 없었다. 그들의 마음에서 우러나와 자발적으로 즉석에서 새로운 노래로 했던 것이다. 더 놀라운 것은 그들이 함께 이 새 노래를 죽음 당하신 그 분, 바로 어린 양을 위해 감사하며 찬양하며 불렀다는 것이다. 그 장면이 펼쳐질 때 나 또한 나를 피 값으로 얻으신 그 분, 바로 어린 양께 영광 올리며 그들과 함께 예배를 드렸다. 정말 영광스럽고 압도적인 경험이었다. 하지만 이것이 시작이라는 것을 재빨리 알아차렸다.

어디에서 온 건지 모르겠지만 수천 명의 천사 위에 수천 명이 또 나타났다. 만화에서나 크리스마스카드에 등장하는 작고 귀여운 천사가 아니었다. 아무리 뒤져보아도 단 한명의 작은 천사도 없었다. 우리를 지켜주는 천사들이었다. 크고 강하고 힘이 센 천사! 내가 셀 수 없을 만큼 많았다. 수가 너무 많아 내 눈에 천사들만 보였다. 수백만 명의 천사들이 있었음에 틀림없다. 그들은 다 함께 목소리를 높여 소리쳤다.

"권능과 부요함과 지혜와 힘과 영광과 축복을 받아 마땅한 어린 양이 죽임 당하셨네"[6]

먼저 소리치기 시작한 천사가 제일 크게 소리쳤던 것 같다.

이때 그 분, 바로 어린 양을 찬양하는 무리의 강한 목소리의 힘으로 인해 땅이 흔들리기 시작했다.

그때 내 눈에 보이는 피조물뿐만 아니라 모든 곳에 모든 피조물들과 천사들, 장로들, 네 명의 피조물, 땅의 사람들과 동물들 그리고 모든 무리 생물들이 다 함께 한 목소리로 선포했다.

"축복과 영광과 권세는 왕좌에 앉아계신 그 분, 어린 양에게 영원무궁토록 있을지어다!" [7]

마지막 말이 천국에 천둥같이 메아리쳤고 네 명의 피조물들은 큰 목소리로 소리쳤다.

"아멘!"

그때 스물 네 명의 장로들이 어린 양 앞에서 예배를 드리며 절을 했다. 승천하시는 어린 양에게 경의를 표하느라 내 이마가 부드러운 대리석 바닥에 닿았을 때 차갑게 느껴졌다.

마지막 "아멘"소리의 잔향이 점차 사라졌을 때 우리가 들었던 큰 소리와 상반되게 큰 광장은 조용했다. 어린 양을 향한 흠

모하는 속삭임을 제외하고는 조용했다.

"모든 영광을 주께!"
"영원히 양을 찬양하게 하소서!"
"영광, 영광… 모든 영광은 예수님께 속하였나이다!"

여기저기에서 피조물들이 어린 양을 향한 경배의 말을 했다.

갑자기 인도 캘커타에 있는 아름답게 장식된 힌두 사원이 떠올랐다. 어린 염소가 죽음 당한 장면이 머릿속을 가득 채웠다. 잘린 목에서 흘러나온 피가 사원 바닥에 쏟아졌다. 20대 중반쯤 된 젊은 남자가 피로 흥건한 바닥 중앙에 서 있었다. 그의 얼굴이 극심한 고통과 절망으로 일그러져 보였다. 그의 어깨는 주체할 수 없는 흐느낌으로 들썩거렸다. 극심한 고통을 느끼면서 천천히 의도적으로 앞으로 걸어가서 염소를 머리에서 발까지 흔들고는 제단의 피로 덮인 뿔을 잡았다. 그가 뿔을 너무 세게 잡아서 그 뿔은 부러져 버렸다. 그는 제물이 필요했고 그 제물로 이런 속죄 행위를 함으로써 그의 끔찍한 죄와 잘못으로부터 용서받기를 바랐다. 이 장면이 펼쳐질 때 한 늙은 제사장이 예복을 입고 제단의 뿔을 여전히 꽉 쥐고 있는 그 젊은 남자에게 다가가 정화 주술을 걸었다. 그 제사장이 정화 주술을 끝마쳤을 때 잠깐

침묵이 흘렀다. 그러고 나서 그는 그 젊은 남자에게 손을 내밀고는 공물을 요구했다.

이 얼마나 놀랄만한 병치 상황인가! 한쪽에는 절망에 빠진 젊은이가 이 땅에 사는 동물의 피를 통해 평화를 얻고자 하고 한쪽에는 이 땅에 사는 제사장이 금전적인 보상을 요구하고 있었다. 반면 내 앞에 보이는 이 천국은 진정한 어린 양의 희생을 보여주고 있다. 구걸도 없고 간청도 없다. 세상적인 공물이나 뇌물의 교환도 없다. 하나님의 어린 양의 완전한 희생으로 말미암은 진정한 용서만 있을 뿐이다. 결국 전심으로 드리는 담대한 예배가 전부이다.

진정으로 하나님의 어린 양은 합당하신 분이다! 감사하는 마음으로 중얼대는 조용한 경배를 들으며 바닥에 무릎 꿇고 있을 때 나도 모르게 그들과 함께 경배를 시작하게 되었다.

"당신의 희생에 감사합니다, 예수님. 기꺼이 당신의 생명을 버리신 선하신 주님!"

우리가 얼마나 오랫동안 함께 경배했는지는 모르겠지만 내가 다시 위를 올려다봤을 때 그 장면이 한 번 더 바뀌었다. 이 번에는 네 명의 피조물, 장로들, 천사들과 함께 사람들이 있었다. 우리와 같은 그저 평범한 사람들이었다. 몇몇은 키가 작고 몇몇은 키가 컸으며 몇몇은 남자였고 몇몇은 여자였는데 두개 이상 눈을 가진 자도 없었고 날개도 가진 자가 없었다. 두 다리, 두 팔, 머리 하나였다. 평범한 사람들이었다. 그러나 많은 수의 사람들이었다. 진정한 사람 무리였다. 내가 그들을 바라보면 볼수록 나는 그들에게서 멀어져갔다. 아마도 그 무리의 끝을 보려고 애쓰다보니 그렇게 느껴졌던 것 같다. 그러나 끝은 볼 수 없었다. 그들은 계속 있고 또 있었다. 한 장소에서 이렇게 많은 사람들을 본 적이 없다. 쉽게 말해서 수백만 명의 사람들 뒤에 또 수백만 명의 사람들이 보좌로 모여든 것이다.

마치 쿠키 칼로 오려낸 모양처럼 모든 군인이 같은 모습으로 나오는 '스타워즈 클론 전쟁Star Wars: The Clone Wars'의 방대한 무리를 생각해서는 안 된다. 이 무리는 지구상의 모든 인종이 다 모인 혼합체였다. 나는 다양한 한국인, 중국인, 많은 다른 아시아인들도 보았다. 아프리카, 호주, 미국 그리고 다른 지역에서 온 흑인들도 보았다. 폴리네시아인, 라틴 아메리카인, 코카서스인, 중동 사람, 미국 원주민.. 등등 언급하기에 너무 많았다. 그들은 외모만 다른 것이 아니라 언어도 달랐다. 각 국가의 각 부족의 대표는 꼭 한 명씩 있었다. 최소 한 명씩은 모든 무리에 속해 있었다. 이들은 그의 영광을 위해 구원해 주시고 피 값으로 얻으신 하나님의 성도들이었다. 시편 86편 9절 말씀이 떠올랐다.

"주께서 지으신 모든 민족이 와서 주의 앞에 경배하며 주의 이름에 영광을 돌리리이다. 오 주님…"

하나님이 그들을 지으신 모습 그대로 모든 사람이 다 다르게 생겼지만 모두 똑 같은 옷을 입고 있었다. 흰색 예복을 입고 있었다. 교회 부활절 때 흰색 예복이었다. 예수님이 부활하신 후에 흰색 예복을 입으시고 천사들도 그들의 거룩함과 정결함을 보여주기 위해 흰색 예복을 입는다. 하지만 이 흰색 예복이 내가 이 땅에서 보았던 것보다 훨씬 하얬다. 염소 표백제로 씻은 것처럼 매우 하얬다. 방대한 수의 사람 무리 속에는 피부가 검은 사람, 하얀 사람, 중간색의 사람들이 새하얀 의복을 입고 있었다. 또한 그들은 종려가지를 들고 있었는데 예수님이 당나귀 타고 예루살렘으로 입성할 당시에 환영하던 모습 같았다. 다양한 피부 색깔의 사람들은 놀랍도록 하얀 의복을 입고 밝은 초록색 종려가지를 든 채로 아주 아름답게 기쁜 얼굴을 하고 있었다.

바로 그때 누군가가 내 팔을 만졌다. 그건 마르다였다. 그녀는 나를 향해 몸을 기울이더니 "당신도 봤어요? 이 수백만 또 수백만의 사람들이 꼼짝도 하지 않아요."라고 속삭였다.

다시 그들을 보니 정말 마르다 말 대로였다. 의심할 여지가 없었다. 그들의 기쁨에 차서 오직 한 곳만 바라보는 그 모습은 흔들림이 없었다.

그때 마리아가 다시 다른 쪽으로 몸을 기울였다. "그들은 주위를 둘러보지도 않아. 서로서로 대화도 하지 않고. 다른 곳을 힐끗 보는 사람도 없고 허공을 바라보는 사람도 없어. 아무도 이 '일'이 언제 끝날지 생각조차 하지 않는 것 같아."라고 말하며 마리아는 미소 지었다.

"맞아." 마르다가 대답했다.
"이렇게 오랫동안 가만히 서 있는데도 어느 누구도 불평하지 않아. 어떤 것도 그들에게는 문제가 되지 않아."

내가 여태껏 보았던 회중의 예배의 모습과는 확연히 상반되었다. 어느 누구도 지루하거나 피곤해서 하품하지 않았다. 어느 누구도 시간을 확인하지 않았다. 생명을 주시는 전지전능하신 하나님의 존재에 지루하거나 피곤할 여지가 없었다. 이런 상황에서 그런 감정은 전혀 생길 수 없었다. 그때 내 생각을 그들이 한 말에 덧붙여 말했다.

"비록 이 사람들이 똑 같은 옷을 입었어도 그들 중 아무도 이를 알지 못하는 것 같아요. 이 사람들의 레이더망에 무슨 문제가 있는 것도 아닐텐데요." 마르다가 어리둥절해했다.

"문제요?" 그녀는 물었다.
"레이더요?"
"아, 미안해요." 이해하기 쉬운 다른 말을 생각하느라 잠시 머뭇거리고는 다시 말을 이어갔다.
"아무도 그들이 입고 있는 옷이 다른 사람과 같다는 것을 신경 쓰지 않는 것 같다는 말이에요." 마르다는 이해했다는 듯이 미소 지었고 마리아가 끼어들며 말했다.
"물론 신경 쓰지 않지요. 이 사람들은 심지어 다른 사람들이 함께 있는지도 관심 없는 것 같아요."

그녀 말이 맞았다. 확실히 자기 인식이 부족해보였다. 마치 그들이 한 사람인 것처럼 그들의 모든 눈은 보좌에 계신 그 분에게만 고정되어 있었다. 그들의 시선은 오직 구세주 하나님께만 집중되어 있었다.

나는 대부분의 크리스천들이 천국에서 기대하는 바가 분명하지 않다는 것을 보고 놀라움을 금치 못했다. 대부분의 믿는 사람들에게 천국에서 무엇을 기대하는지 물어보면 사랑하는 사람들과 다시 만나기를 기대한다고 말할 것이다. 몇몇 사람들은 새로운 몸을 갖기 기대한다고 하고 더 이상 고통이 없기를 기대한다고 말할 것이다. 또 다른 사람들은 슬픔과 눈물을 끝낼 수 있기를 기대한다고 말할 것이다. 또 다른 몇몇 사람들은 천국에서는 어떤 것도 부서지거나 닳지 않아서 수리하거나 교체할 필요가 없기를 기대한다고 말할 것이다.

이 모든 기대들이 다 천국에서는 가능한 일이지만 이들은 본질적인 것에 대해서는 생각하지 않는다. 다른 무엇보다도 핏값으로 그들을 죄로부터 구원해 주신 하나님의 흠 없는 어린 양에 그들의 모든 시선을 맞추기를 기대해야 한다.

그때 마침 그들 모두가 "보좌에 계신 하나님과 흠 없는 어린 양에게 구원이 있사옵니다!"[8]라고 크게 외쳤다. 세상에! 이들이 함께 외친 이 놀라운 말은 계속 메아리치며 천둥같이 강력한 소리를 내었다. 이 수그러들지 않는 압도감에 짓눌려 내가 살아있는 것이 신기할 정도였다.

이 말을 들었을 때 나는 시편 3편 8절 말씀이 떠올랐다.

"구원은 여호와께 있사오니"[9] 그리고 사도행전 4장 12절 말씀이 떠올랐다.

"다른 이로써는 구원을 받을 수 없나니 천하사람 중에 구원을 받을 만한 다른 이름을 우리에게 주신 일이 없음이라"[10]

이 군중들 말이 맞았다. 진정한 구원은 하나님과 그의 어린 양을 통해서만 받을 수 있다.

그들의 말의 마지막 메아리가 들리지 않을 때쯤 그 큰 무리의 천사가 예배드리는 사람 무리 옆에 서서 예배에 푹 빠져 있었다. 천사들도 보좌 앞에서 얼굴을 숙인 채 함께 예배드리기 시작했다. 천사들이 "아멘! 축복과 영광과 지혜와 감사와 존귀와 권능이 세세토록 하나님께 있을지어다! 아멘"[11]하며 부르짖었다.

또다시 나는 숨을 쉴 수 없었다. 너무 경건하고 전심을 다한 경배였다. 강요할 필요도 없었고 대본도 필요 없었다. 그들은 깊은 심령에서 우러나 자발적으로 경배를 표하였다. 경외심과 겸손함을 느끼며 나도 함께 하나님 보좌 앞에 절하며 예배드렸다.

솔직히, 얼마나 오랫동안 구세주 앞에서 엎드려 있었는지 기억나지 않는다. 몇 분 아니 몇 시간 아마 며칠이었을 수도 있다. 그러나 별반 차이는 없었다. 천국에서 시간은 마치 존재하지 않는 듯이 중요하지 않았다. 하지만 계속 시간이 흐르고 있다는 느낌이 들긴 했다.

이상하게도 소리가 들리지 않는 것 같았다. 하지만 바로 그 순간, 내가 더 이상 으리으리한 대리석 바닥 위에 서 있지 않다는 걸 알게 되었다. 그 대신에 매우 익숙한 카펫 위에 서 있었다. 나는 거실에서 위로 뒤로 쳐다보았다. 나는 혼자였다.

천국에서 드리는 예배
_ 정상적인 것은 어떤 것인가?

나는 여러분이 이 글을 요한계시록의 일부분을 단지 재현한 글로 읽어주기 바란다. 마르다와 마리아는 실제로 우리 집에 오지 않았다. 종종 말씀을 가르칠 때 요한계시록에 나오는 예배의 모습을 언급하곤 한다. 이 글은 단지 예배의 모습을 짧게 살펴보기 위해 상상한 내용이다.

며칠 전 나는 허구적인 이야기를 쓸 필요가 있다고 느꼈다. 글쓰기를 준비하면서 성경책의 다양한 번역본으로 요한계시록을 읽고 또 읽었다. 열두 개의 다른 버전으로 요한계시록을 읽었을 때 요한이 보았던 바로 그 장면을 "보려고" 최선을 다하면서 머릿속에 장면들을 떠올렸다. 내가 상상 속에서 그린 천국에서 드리는 예배의 모습은 가히 충격적이었다. 이 땅에서 드리는 예배와는 많은 방식으로 확연히 달랐다.

지금부터 내가 상상한 바를 설명하려고 한다.

* * *

내 딸 에이미가 작년에 심장수술을 했다. 나와 아내는 딸이 쓰러졌을 때까지도 병명을 몰랐다. 우리는 다른 나라에 아주 외진 곳에 있는 식당에 앉아 있었다. 에이미가 아내에게 말을 하고 있었는데 갑자기 에이미가 의자에서 쓰러지더니 이내 몸이 차가워졌다. 나는 에이미를 안고 밖으로 뛰어 나갔다. 한시도 기도를 멈추지 않았다. 몇 시간 후에 에이미는 정상적으로 돌아왔지만 우리는 너무 무서웠다. 근처에 병원이 없었다.

에이미는 그로부터 몇 년이 흐른 후에 쓰러졌다. 의사가 병명을 알 수 없다고 했기에 우리는 아무것도 할 수 없었다. 하지만 이것은 중대한 일이었고 너무 걱정되었다. 그래서 에이미에게 한 달 동안 심장 모니터를 착용하도록 하는 등 많은 검사를 해보았다. 에이미가 심장 모니터 착용을 좋아하든 좋아하지 않든…

외과 의사가 에이미에게 부정맥이 있다고 진단했다. 에이미의 심장이 갑자기 빨리 뛴다는 것이다. 아무런 뚜렷한 이유 없이. 그냥 막 뛰는 것이다. 심박 수가 1분에 200번 뛰었던 그 달에 심장 모니터가 한번 작동했다. 에이미는 아무 것도 하지 않았다. 뛰지도 않았고 무거운 것을 들지도 않았다. 갑자기 심장이 요동친 것이다.

우리가 이 일로 대화하고 있을 때 에이미가 종종 이런 일이 있었다고 우리에게 말했다. 그 아이의 기억을 더듬어보면 실제 일어났던 일이다.

"그런데 왜 우리에게 말하지 않았니?"라고 우리가 물었다.
"왜 말해야 해요?"라고 에이미가 대답했다.
"나는 그게 정상이라고 생각했어요."

아차 싶었다. 에이미는 정상적이지 않다는 것을 몰랐던 것이다. 모든 사람이 똑같은 경험을 하지 않는다는 것을 미처 생각하지 못한 것이다. 에이미는 심장이 빨리 뛰는 이런 현상을 모든 사람이 겪지 않는다는 것을 알 수가 없었다. 에이미에게는 이것이 정상적인 것이니까.

똑같은 방식으로 우리 모두는 삶의 대부분을 보통 이하로 살고 있다고 생각한다. 죄는 이 땅에서의 우리의 존재를 망치고자 한다. 이것은 예배를 드리는 곳에서 더 분명히 드러난다. 우리가 예배라고 칭하는 것은 천국에서 드리는 예배에 비하면 너무 보잘 것 없다. 진정한 예배의 시늉이라도 하는지 의문스러워해야 한다. 하지만 우리의 경험이 우리에게는 정상이다. 마치 에이미의 빨리 뛰는 심장처럼 우리가 경험한 것이 우리가 아는 전부이니까. 아마도 더 많이, 다르게, 천국에서 드리는 예배와 더 가까운 예배가 있을지도 모른다.

내가 요한계시록에서 보았던 예배의 모습에 도전을 받아서 우리가 정직하게 예배의 문제점을 고심했으면 하는 마음에 이 글을 썼다. 요한계시록의 전체 메시지를 더하지도 빼지도 않을 것이다.[12] 사실, 마리아, 마르다 그리고 나를 제외하고 나머지는 요한계시록에 있는 내용이거나 적어도 언급된 내용이다.

그래서 만일 읽은 내용이 이해가 되고 이 땅에서 드리는 예배와 천국에서 드리는 예배가 완전히 다르다는 것을 인식하면 풀어야 할 어렴풋한 의문이 생길 것이다. 왜 이 땅에서 드리는 예배와 천국에서 드리는 예배가 이렇게 크게 차이 나는가? 즉, 이 땅에서 드리는 예배와 천국에서 드리는 예배 사이에 극명한 차이가 나는 이유가 무엇인가?

결국 이 의문을 풀면 확실히 우리의 예배는 더 충만해지고 완전해질 것이다. 그 차이를 인식하고 원인을 고치려고 조치를 취하면 많은 점에서 우리의 예배는 개선될 것이다. 진정한 예배에서 멀리 떨어져 있는 우리의 예배는 실수 없이 개선되어야 한다.

그래서 우리 개개인의 변화와 회중의 변화를 위해 실용적인 아이디어뿐만 아니라 그 이유 또한 살펴보고자 한다.

☞ 더 깊게 생각하기

- 나의 딸 에이미와 대한 이야기와 비슷한 경험을 해본 적이 있는가? 그리고 그 경험을 통해 정상적이라고 생각했던 것이 정말 이상한 것이라는 것을 깨달은 적 있는가?

- 성경말씀을 읽으며 당신이 기존에 갖고 있던 "정상적"이라는 개념을 바꾸는 계기가 있었다면 말해 줄 수 있는가?

이 땅에서 드리는 예배는
천국에서 드리는 예배를 위한 연습이다

천국에서 드리는 예배를 묘사하는 요한계시록의 말씀을 읽고 당신이 어떻게 반응할지는 모르겠지만 나는 요한계시록을 읽을 때 단 한 번도 흔들린 적이 없다. 혼란스럽게 하는 것도 없고 주의를 산만하게 하는 것도 없다. 하나님 외에는 예배자에게 아무것도 없는 것이다. 예배자는 하나님 오직 하나님 한 분만 시선을 고정해야 한다.

우리, 즉 당신과 내가 그 장엄하고 영광스러운 날, 처음으로 천국에 입성하는 날에 하나님의 영광에 압도되어 아무것도 신경 쓰지 않을 것이다. 이전의 걱정, 근심, 집착, 두려움은 사라질 것이다. 모든 신경을 쏟게 하며 어깨를 짓누르는 죄책감도 사라질 것이다. "이러면 어떡하지" 그리고 "저러면 어떡하지"하는 모든 근심도 사라질 것이다. 부적절하거나 불필요한 생각이나 기억에 사로잡혀 있지도 않을 것이다. 우리의 모든 생각은 보좌에 앉으신 하나님 한 분에게만 집중될 것이다. 그렇게 되면 아무것도 염려할 게 없을 것이다.

그러나 그 날이 미래에 어딘가에 있다. 아직 여기에는 없다. 지금은 아니다. 곧 올 것이고 수평선 너머 어딘가에 있다. 우리가 생각하고 꿈꿀 수는 있지만 여전히 멀리 떨어져 있다. 지금 우리는 죄와 근심과 사람들과 관계와 죄와 여전히 싸워야 한다.

부인할 수 없이 천국과 이 땅은 질적인 차이가 있다. 천국에서 우리는 이 땅에서 하듯 실제 존재하지만 눈에 보이지 않는 실상을 부르며 하나님의 참 진리인 말씀을 고백할 필요가 없다. 천국에서 우리는 하나님을 "볼"것이다. 지금 우리는 그 분을 상상할 수밖에 없지만. 천국에서 모든 혼란은 사라질 것이다. 이 땅에서 우리는 경쟁적인 생각과 혼돈스러운 생각과 항상 싸워야 한다. 하지만 천국에서는 죄를 향한 욕망이나 충동이 없을 것이다. 이 땅에서는 온 사방에 이런 것들이 있지만.

천국과 이 땅의 차이는 무수히 많다. 그 차이는 극명하고 명백하다. 그래서 우리가 완전히 정직하다 할지라도 이 땅에서 드리는 예배는 천국에서 드리는 예배의 완벽한 거울이 될 수 없다. 두 장소는 거의 모든 면에서 너무 멀리 떨어져 있다. 결국 이 두 곳은 항상 근본적이고 본질적인 차이가 있다.

그래서 천국에서 우리가 보았던 예배를 흉내 내는 노력도 포기해야 하는 건가? 아니다! 그것은 우리가 결코 이 땅에서 완벽해질 수 없기 때문에 거룩해지기를 포기해야 한다는 말과 같다. 하나님이 거룩하시니 우리도 성령님께 의지하며 말씀에 기록된 그리스도인의 삶을 본받아 살아가려고 끊임없이 노력해야 한다. 우리는 항상 예배하는 삶을 살아야 한다. 우리가 이제 목표를 보고 깨달았으니 그것을 향해 나아가야 한다. 물론 천국과 이 땅의 질적인 차이가 있기 때문에 이 땅에서 목표를 이루지는 못할 것이다. 하지만 그 목표가 우리를 계속 전진하게 할 것이다. 그것이 우리가 올바른 방향으로 나아갈 수 있도록 인도할 것이다.

게다가 어떤 방식으로든 우리가 이 땅에서 드리는 예배가 천국에서 드리는 예배를 위해 우리를 준비시킬 것이다. 이 땅에서 드리는 예배가 세상에서 살아가는 데 환영 받지 못하는 침입자로 치부된다면 천국에서 드리는 예배는 반대의 경우보다 훨씬 더 낯설게 느껴질 것이다.

수년간 우리 가족은 멋진 가족 여행을 떠났었다. 콜로라도에서 급류타기를 하고 메인 주 해안가에서 즐겁게 뛰어놀고 플로리다에서 씨 월드Sea World와 에프콧 센터Epcot Center에 가보고 그랜드 캐년Grand Canyon, 자유의 여신상도 보며 많은 흥미로운 장소를 다녔고 행복한 추억을 많이 만들었다.

우리 가족이 여행을 떠나기로 결심할 때 되도록 모든 체험을 다 해보기 위해 몇 시간을 검색하곤 한다. 수차례의 사전 숙고를 통해 우리가 도착하자마자 어디로 갈 것인지 무엇을 할 것인지를 정확히 계획한다. 그 지역의 명소, 숙박시설, 식당 그리고 특별 문화 체험에 대해 공부한다. 근처의 교회도 검색해본다. 즉, 우리는 여행 동안 우리가 누리고 싶은 경험을 최대한 누리기 위해 정보를 수집해서 적합한 곳을 선택한다. 가능한 미리 계획하고 준비하는 것이다.

이런 점에서 나는 얼마나 많은 그리스도인들이 그들의 궁극적인 목적지를 생각하는 데 시간을 투자하는지 궁금하다. 천국은 어떤 곳일까? 우리의 예배는 어떤 모습일까? 우리가 천국에서 누릴 경험을 위해 여기에서 무엇을 준비하고 있지? 준비하고 있지 않다면 왜 안 하는 거지?

나는 한 블로거의 글을 우연히 본 적이 있다.

"그리스도인의 삶은 천국에서 드리는 예배의 영원함을 위해 이 땅에서 하는 리허설이 되어야 한다."[13]

이 땅에서의 예배는 천국에서 드리는 예배를 위한 연습이다. 이 곳에서의 예배는 어떤 면에서 영원한 예배를 위한 준비이다.

단지 이 땅에서의 우리의 예배가 천국에서 드리는 예배의 완벽함을 따라가지 못한다고 지금 이 곳에서 드리는 예배를 무시하거나 부당한 대우를 할 필요는 없다. 그 예배 또한 이 땅에서의 우리 경험에 중요한 일부분이기 때문이다. 우리가 이 땅에서 드리는 예배를 천국을 향한 준비이자 총연습으로 생각하면 된다. 우리는 천국에서 뿐만 아니라 이 땅에도 존재하는 하나님의 목표를 향해 계속 전진해야 한다.

☞ 더 깊게 생각하기

- 예수님은 우리에게 이렇게 기도하라고 가르치신다. "하늘에서 와 같이 땅에서도 이루어지게 하소서." 어떻게 이 기도를 천국에서 드리는 예배를 흉내 내야 한다는 나의 주장에 접목시킬 수 있는가?

- 왜 천국에서 드리는 예배를 흉내 내려는 목표가 비록 완벽하게 따라 할 수 없을지라도 우리를 도울 수 있는가?

천국에서 드리는 예배는 회중의 예배이다

천국에서 드리는 예배의 또 다른 모습을 알려주려고 한다. 다시 한번 예배를 살펴보자. 인상적인 것 중에 하나는 예배가 하나가 됨을 추구하는 연합적이라는 것이다. 내 말은 전체 회중이 동시에 똑 같은 행동을 한다는 뜻이다. 물론 요한계시록에서 우리가 읽은 것처럼 전체 장면을 펼쳐진 채로 볼 수 있다. 정확히 똑 같은 행동이 항상 일어나지는 않는다.

하지만 한 행동을 시작할 때 한 명만 그 행동을 하지 않는다. 항상 회중으로 사람들이 무리 지어 함께 같은 행동을 한다. 네 명의 살아있는 피조물도 스물 네 명의 장로들도 천사 무리들도 무수히 많은 성도들도 천국에서는 개별적으로 움직이지 않는다.

우리가 사는 세상에서는 개개인이 상을 받는다. 대부분 사람들은 그들의 필요와 욕구가 다른 사람의 필요와 욕구보다 중요하다. 우리의 문화 자체가 매우 이기적이다. 교회도 마찬가지다. 우리가 "자기보다 남을 낫게 여기라"(빌립보서 2:3)는 말씀을 듣는데도 말이다. 성경말씀이 뭐라 하든지 우리는 우리가 원하는 것을 원하고 우리가 원하는 것은 무엇이든 하고 언제든 할 것이다.

이것은 나에게도 당신에게도 적용되는 우리의 육적인 본능이다. 내가 당신도 거론했다고 너무 기분 상하지 않기를 바란다. 나는 단지 모든 사람이 이미 알고 있는 것이 사실임을 말하고 싶을 뿐이다. 믿기지 않는다면 이 책을 내려놓고 배우자나 부모님이나 아이들이나 가장 친한 친구들에게 가서 물어보아도 좋다. 만약 당신이 당신보다 다른 사람들을 항상 낮게 여긴다면 당신에게 굳이 말할 필요가 없다. 하지만 당신이 그렇지 못하다면 결국 당신에게 적용되는 말이다.

그래서 이것이 예배와 무슨 관련이 있을까? 모든 부분에서 관련 있다. 크리스쳔 여론조사 전문가인 조지 바나George Barna 도 이렇게 말했다.

"진정한 예배를 방해하는 요소는 이 사회에 만연하는 개인주의이다."

당신도 알다시피 주일을 제외한 나머지 요일들을 개인주의적인 생각으로 살다가 그대로 주일 예배에 올 때가 많다. 예배 시간에 다른 사람들이 서 있어도 나는 서 있고 싶지 않다. 예배 시간에 다 함께 기도하는데 나는 핸드폰 메시지를 체크해야 한다든지 이 기도가 얼마나 오래 걸리나 재 보려고 시계를 본다든지… 교회의 몸 된 지체로 하나되지 못하게 하는 다른 행동을 하려고 한다. 물론 당신이 이런 행동을 했을리 없다고 생각한다.

나는 이 상황을 일종의 여행이라고 생각한다. 예배 시간 동안 예배 인도자가 "할 수 있다면, 항복의 뜻으로 주님께 오른 손을 올려드릴 수 있겠습니까?"라고 단순하게 요구한다고 해 보자. 그러면 무슨 일이 생길까? 아마 모인 사람들 중 3분의 2는 기꺼이 그들의 오른 손을 올릴 것이다. 어쩌면 2분의 1도 안 들 수도 있다. 인도자가 회중에게 무릎을 꿇으라고 요구할 수도 있고 누구나 잘 아는 찬양을 따라 부르라고 시킬 수도 있다. 회중의 실력이 상대적으로 형편없을 수도 있다.

나머지 사람들이 손을 들 수 없거나 노래를 못 불러서 시키는 대로 하지 않는다는 것을 명심하라. 그들은 하기 싫은 것이다. 몇 사람들은 "나는 피곤해"라고 말하고 또 다른 사람들은 "뭘 원하는지 모르겠어"라고 말한다. 또 몇몇은 솔직하게 "하고 싶지 않아"라고 시인한다.

내가 가장 좋아하는 대답은 "내키지 않아"이다. 사실 다른 사람은 다 하는데 당신만 하지 않으면 손을 올리고 싶지 않은 당신의 마음이 더 많이 나타난 것이다. 이것은 천국에서 드리는 예배와는 완전히 거리가 먼 개인주의적인 마음이다.

물론 이미 언급했듯이 천국에서 드리는 예배는 이 땅에서 드리는 예배와 본질적으로 다르다. 천국에서는 확실히 아무도 무엇을 하라고 강요받지 않는다. 천국 백성들은 뒤섞인 방식으로 예배드리는 것이 익숙한 것 같다. 그들은 함께 예배드리지만 어떤 누구도 설명하거나 지도해주지 않는다. 천국에서 드리는 예배는 무리지어 종합적으로 드리는 마음에서 우러나오는 예배이다.

그러나 통합된 방식으로 드리는 예배의 많은 영적인 예전이 있고 심지어 인도자가 회중을 하나되게 만드는 특별한 지도력을 가진 예전도 있다. 느헤미야 9장 5절 말씀에 레위인들이 모여 있는 회중들에게 말했다.

"너희 무리는 마땅히 일어나 너희 하나님 여호와를 송축할찌어다"

인도자들은 함께 예배드리는 방법을 사람들에게 알려주었다. 시편 134편 2절 말씀의 저자는 사람들에게 "너희 손을 들고 여호와를 송축하라"고 말했다. 이것은 한 명이나 두 명 심지어 선택 받은 몇 명을 향한 명령이 아니다. 명백히 무리 전체에게 하신 명령이고 시편을 함께 노래할 자들에게 하신 명령이다. 시편 전반부에 말씀하시기를 "오라 우리가 굽혀 경배하며 우리를 지으신 여호와 앞에 무릎을 꿇자"(시편 95:6) 사람들에게 연합된 예배를 받기를 원하신다는 뜻이다.

나는 내가 말하는 것을 당신이 꼭 좋아하거나 흥미로워하기를 강요하지 않는다는 것을 이해해주기 바란다. 하지만 전반적으로 우리의 삶을 깨닫게 하고 인도하는 성경말씀을 우리가 꼭 따르려고 애쓰는 것처럼 우리가 예배드리는 방법 또한 깨닫게 하고 인도하는 성경말씀 대로 따르려고 우리가 노력해야 한다는 것은 강조하고 싶다. 우리가 그렇게 하지 않는다면 무엇이 올바른 길인지 무엇이 그릇된 길인지를 우리 자신의 이기심에 의존해서 결정할 것이 뻔하기 때문이다.

정확한 성경적 관점에서 우리의 연합된 예배는 건전한 것이다. 우리가 회중으로 함께 예배를 드릴 때 각자의 삶을 살아갈 때의 모습 그대로 모인 사람들의 무리가 아니라 진정한 회중의 모습으로 예배드릴 수 있다. 우리는 이것을 천국의 영역에서 드리는 예배라 볼 수 있다. 우리의 개인적인 개개인의 문화는 너무나도 자주 예배의 연합된 모습을 상실하게 만든다. 우리 자신의 이기적인 본성에 굴복하여 상실하게 만들도록 두지 말고 천국에서 드리는 연합된 예배를 알고 깨달아 이를 거울삼을 수 있도록 본성을 내려놓아야 한다.

☞ 더 깊게 생각하기

- 우리가 회중으로 모여 드리는 예배가 얼마나 의미 있고 중요한가?

- 당신은 조지 바나가 주장했던 "만연하는 개인주의"가 "진정한 예배를 방해하는 요소"라는 말에 동의하는가? 동의한다면 이유가 무엇이고 동의하지 않는다면 그 이유는 무엇인가?

- 천국의 예배자는 회중에 대해 생각하거나 염두해 두는 것 같은가? 또는 그들이 예배드리는 그 분께 완전히 동화되어 있는가?

천국에서 드리는 예배는 다양하다

나는 이 말씀을 상상하는 것을 좋아한다.

"이 일 후에 내가 보니 각 나라와 족속과 백성과 방언에서 아무도 능히 셀 수 없는 큰 무리가 나와 흰 옷을 입고 손에 종려 가지를 들고 보좌 앞과 어린 양 앞에 서서 큰 소리로 외쳐 이르되 구원하심이 보좌에 앉으신 우리 하나님과 어린 양에게 있도다 하니" (요한계시록 7:9-10)

약간의 상상력만 있으면 충분히 상상할 수 있다. 모든 민족들이 한 자리에 모여 있었다. 전 세계에서 온 모든 족속이 나와 있었다. 현재 거의 7000여 종류의 언어가 한 자리에 다 모여 있었다. 가장 짙은 검은색 피부색부터 가장 창백한 하얀 피부색과 그 사이의 피부색까지 모든 피부색을 지닌 사람들이 모여 있었다. 함께 하나의 목적을 가지고, 전지전능하신 하나님께 영광 돌리기 위해. 얼마나 멋진 장면인가!

여러 번 이 장면을 머릿속으로 상상할 때마다 요한이 언급하지 않은 더 상세한 내용을 첨가하지 않을 수가 없다. 그 내용은 요한이 보지 못한 것이 아니라 말로 설명하지 못한 것이다. 첫째로, 군중들 속에 다른 크기의 사람들이 있었음에 틀림없다. 우리가 모두 천국에서 새로운 육체를 받을지라도 갑자기 쿠키를 자르는 칼로 똑같이 잘라 놓은 쿠키처럼 동일한 크기와 모양은 아닐 것이다. 몸무게는 제쳐두고라도 뼈 자체가 더 큰 사람도 있을 테고 다른 사람들보다 키가 큰 사람도 있을 것이다. 155cm인 내 딸과 207cm인 내 친구가 갑자기 천국에서 똑 같은 크기가 된다는 것을 상상조차 할 수 없다. 천국에서도 사람들마다 크기는 분명 다를 것이다.

요한이 언급하지 않은 또 다른 내용이 있다. 다양한 나이의 사람들이 나와 있었다. 천국에서 우리가 거의 같은 나이로 있을 것이라고 몇몇 사람들은 말해 왔다. 멋진 이론일 수 있지만 성경적 관점에서는 틀린 말이다. 게다가 81세에 하늘나라로 가신 내 어머니께서 갑자기 내 친구의 죽은 두 살 딸과 같은 나이로 바뀐다는 것은 불가능한 일이다.

　　요한이 크기와 나이에 대해 언급도 하지 않았다고 해서 크기와 나이가 존재하지 않는다는 것은 아니다. 이렇게 생각해보자. 유대인 소년이 이 이야기를 할 때처럼 요한의 관점에서 이 이야기는 다양한 인종이 엄청 큰 무리로 있다는 뜻이다. 요한에게 이것은 옥상에서 베드로가 받은 비전과 유사하다. 하나님이 베드로를 이방인에게 보내셨던 것 말이다(사도행전 9장). 히브리인과 매우 유사한 문화 속에서 자란 사람이 갑자기 명령대로 그 곳을 떠나야 했다. 요한은 중대한 세부사항을 얘기해야 했다. 너무 혼란스러운 나머지 이 내용을 놓쳤을 것이다. 그러나 나이와 크기가 다른 것은 명백했다. 모두가 그 내용을 이해했을 것이다. 요한의 관점에서 나이와 크기를 언급하는 것은 중요하지 않았을 것이다. 그러나 차이가 존재했다는 것은 명백하다.

　　그래서 요한이 보았던 것을 상상하려고 노력해 보자. 젊든 늙었든 다른 세대의 사람들이 똑 같이 있었다. 몸이 크고 작고, 키가 크고 작은 다양한 크기도 존재했다. 다른 문화와 인종도 있었다.

　　"각 나라의 족속과 백성과 방언"

그들 모두가 함께 예배드렸다. 그것이 천국에서 드리는 예배의 모습이다.

우리에게 문제가 되는 것은 이 땅에서의 대부분 교회, 특히 미국 교회는 그런 모습이 아니라는 것이다. 대부분의 회중들이 모든 가능한 방식으로 나뉘어져 있다. 전형적으로 문화적으로 비슷한 사람들끼리 모여서 한 건물에서 나이별로 관심별로 분리되어 예배드린다.

내가 여행할 때 우연히 몇몇 교회에 갔는데 정말 문화적으로 다양한 교회들이었다. 한 사회학자의 말에 따르면, 문화적으로 인종적으로 다양한 회중이 그 속에 단일 민족으로부터 온 사람이 80%를 넘지 않으면 하나가 될 수 있다고 했다. 그러나 이 정의는 너무 광범위한 것 같다. 다양한 회중들 속에 5명 중 4명이 같은 민족이라면 그렇게 다양한 모습은 보이지 않는다는 말인데 과연 그럴까? 그럼에도 불구하고 이 광범위한 의미에 따르면 미국 교회의 6%도 안 되는 성도들이 여전히 다양하다고 볼 수 있다.[14]

≪소통자가 소비자가 될 때: 교회를 아프게 만드는 교회 성장 규칙 (When Communers Become Consumers: Church

Growth Rules That Could Be Making Your Church Sick)
≫에서 그렉 로리Greg Laurie가 말했다.

"일부 교회 성장 전문가들은 그들의 '고객들'이 더 이상 하나님과 소통하기를 원하지 않고 개인 예배나 가정예배를 '드리기 원한다'고 목사님께 말한다." [15]

데이비드 M 베일리David M Bailey는 로리의 생각에 대해 자세히 설명했다. "'소통자'에서 '소비자'로 바꾼 결과는 공동체의 주된 관심과 초점을 예수님께 두는 것이 아니라 개인의 선호도에 두는 것이다. 우리의 공동체는 인구 통계의 선호도에 집중하는 경향이 있다. 신약 말씀은 우리에게 다양한 세대, 사회적 계층, 인종, 성별 그리고 경제적 지위의 사람들이 지역 교회 공동체에 모여 있는 것이 하나님과 그의 지체된 삶에 중요하다는 것을 보여준다. 그러나 미국의 그리스도의 몸된 교회는 정상적인 것을 제 기능을 하지 못하는 분리의 상태로 만들어버렸다.[16]

베일리 말이 맞다. 우리는 요한계시록에 나와 있는 말씀대로 천국에서 드리는 예배와 거리가 먼 예배를 드리고 있다. 더 심각한 건 우리가 괜찮다고 생각한다는 것이다.

다양한 세대, 경제적 계층 그리고 인종 배경이 함께 모이면 영적으로 더 성장할 수 있다. 시간을 함께 보내며 함께 예배드리며 더 늙은 사람이든 더 젊은 사람이든 우리의 관점이 변하게 된다. 경제적으로 더 부자이든 덜 부자이든 함께 섞여 있으면 다른 이점을 가질 수 있게 된다. 다른 문화적 배경의 사람들이 유대를 맺고 예배를 드리면 진정한 그리스도의 몸된 교회를 완전히 이해하게 된다.

너무 자주 우리는 "우리의 것만 고수하는" 경향이 있다. 미국에서 "흑인" 교회, "중국인" 교회, "한국인" 교회, "라틴 아메리카인" 교회 그리고 그 외 많은 교회에서 목회를 한 적이 있다. 그들 스스로 백인이라 명명하지 않지만 그렇게 보일 수밖에 없는 많은 "백인" 교회에서도 목회를 한 적이 있다.

이런 분리가 우리를 결여되게 만든다. 우리는 모두 우리의 문화적 관점을 알고 있다. 우리는 결코 또는 좀처럼 그리스도의 몸된 교회를 더 큰 그릇으로 생각하지 않는다. 얼마나 부끄러운 일인가!

몇 년 전, 나는 다양한 제 3세계 나라에서 하는 예배에 대한 커리큘럼의 일부를 만드는 일을 돕도록 요청받았다. 이로 인해 지난 수년 동안 가르쳤던 많은 것들을 글로 쓰기 시작하면서 내 관점이 내가 속한 문화의 영향을 얼마나 많이 받았는지 깨닫게 되었다. 그래서 이 관점을 다른 문화로 어떻게 번역할 지 많이 고심했다. 번역할 때마다 내 이해의 폭이 얼마나 편협한지 인식하게 되었다. 비록 내가 썼던 내용은 본질적으로 성경에 바탕을 두었지만 내 삶의 경험과 문화적 관점이 제한을 주었다. 당신도 또한 그러하리라 생각한다.

금욕에 익숙한 미국 앵글로 색슨족의 교회들은 아프리카에 있는 형제자매의 예배를 상당히 많이 배웠다. 남미나 필리핀과 같은 장소에서 드리는 큰 소리와 생동감 넘치고 역동적인 예배에 익숙한 이 교회들은 더 조용하고 묵상하는 예배를 보고 배워야 한다. 예배에 파이프 오르간 하나의 악기만 연주되고 정기적으로 기타를 기반으로 하는 찬양 예배를 드린다.

마찬가지로 예배에 전체 밴드, 즉 기타, 키보드, 베이스, 드럼이 있어야 한다고 믿는 사람들은 목소리로만 화음으로 노래하는 아카펠라 a cappella 찬양 예배에 참여해봐야 한다.

만약 음악 공연이나 음악 자체가 예배가 아니라는 것을 깨닫는다면 이러한 문제들은 단지 문화에 불과하다는 것을 알게 될 것이다. 다양한 문화를 약간만 접해 봐도 그리스도의 몸 된 교회 전체에서 드리는 예배의 풍성함을 보고 알게 될 것이다. 이를 통해 천국에서 드리는 예배에 좀 더 가까워질 수 있다.

☞ 더 깊게 생각하기

- 그리스도인은 그 분과 같은 모습으로 살아가려고 한다. 그리고 그가 천지에 뛰어나신 분이어서 우리 속의 차이는 무의미한 것으로 흐려진다. 만약 우리가 다른 사람들과의 차이로 인해 자신을 정죄하거나 비판한다면 과연 그를 우리의 마음속에 천지에 뛰어나신 분으로 인정하고 있다고 말할 수 있겠는가?

- 다양성이 우리에게 너무 많이 좋다는 의미는 아니다. 비록 다양성이 너무 많다 할지라도 하나님의 마음을 우리에게 가르쳐 준다면 그래서 모든 환경에 있는 모든 종류의 사람들을 포용할 수 있다면 좋다는 의미이다. 우리가 우리와 동질성을 지닌 사람들과 지속적으로 함께 한다면 차이에 대한 관대함이 부족한 상태로 어떻게 주님과 얼마나 깊은 관계를 맺을 수 있을까?

천국에서 드리는 예배는 시끄럽다

이 장의 제목을 보고 몇몇 사람들은 거부감을 일으킬 수도 있겠지만 잠시만 참아주길 바란다. 내가 그랬듯이 당신도 또한 이 문제에 대해 생각하며 생각의 변화를 일으키길 바란다.

최근에, 한 수련회 센터에서 시간을 보낸 적이 있다. 어느 날 오후 나는 작은 호숫가 부두에 앉아 있었다. 50여 미터쯤 떨어진 곳에 거위 무리가 해안가에서 놀고 있었다. 내가 가까이 다가가자 거위들은 사람이 가까이 오는 것 때문인지 시끄럽게 울기 시작했다. 그런데 갑자기 거위들의 소리가 두드러지게 더 커지기 시작했다. 소리가 상당히 커졌다. 나는 잠시 그 이유가 궁금했다. 하늘로부터 아래로 날개를 펼친 거위 한 쌍이 천천히 날아오자 해안가에 있던 거위들이 하늘 쪽으로 쳐다보고 더 세게 울었다.

내가 맨 처음 든 생각은 이것이 침입자에 대한 경고라는 것이었다. 아마도 "저리가!"로 통역할 수 있을 것이다. 사실 믿기 힘들겠지만 내가 거위 말을 알아듣지 못해 확신할 수는 없다.

그 한 쌍의 거위는 작은 호수 주위에서 천천히 원을 그리며 돌고는 더 아래로 내려왔다. 그러고 나서 그 한 쌍의 거위는 소음 때문에 잠시 멈췄다가 떠날 듯이 보였지만 물 위에 앉아버렸다. 그것도 시끄럽게 울고 있는 거위들 앞에 말이다. 나는 이미 침입자들에게 그들의 의사를 표한 거위들과 이 한 쌍의 거위 사이에 상황이 심각해지지 않을까 궁금했다. 하지만 오랫동안 궁금해 할 필요가 없었다. 그 한 쌍의 거위는 해안가 쪽으로 방향으로 돌려 헤엄치더니 이내 다른 거위들과 한 무리가 되었다.

놀랍게도 서로 화를 내는 내치 상황도 없었다. 사실 물 위에 있던 다른 거위들이 이 한 쌍의 거위를 환영하는 것 같았다. 그때 나는 초대받지 않은 손님들이 없었다는 것을 깨달았다. 오히려 그 한 쌍의 거위는 친척이거나 적어도 오랜 친구였던 것이다. 그 시끌벅적한 소리는 경고가 아니었다. 그것은 환영이었다.

"애들아, 우리 사촌 호머와 그의 부인, 아비게일이야!"

"다시 돌아온 걸 환영해, 호머!"

"네가 여기 와서 기뻐!"(다시 한번 거위 말에 유창하지 않아 정확한 통역이라고 확신할 수는 없지만 거의 근접했으리라 본다.)

이 장면이 펼쳐지는 것을 보면서 나는 비행기에서 우연히 겪은 최근의 사건이 번뜩 떠올랐다. 내가 막 비행기에서 내려서 터미널 중앙 홀에 있는 보안출구로 걸어가고 있었다. 반대편 보안출구에 한 젊은 남자가 서 있었는데 20대 초반쯤 되어 보였다. 그는 중앙 홀에 누군가를 찾고 있는 듯 의도적으로 중앙 홀을 쳐다보면서 훑고 있었다. 내가 그를 보았을 때 그의 얼굴이 갑자기 밝아졌다. 그는 내 옆을 보면서 머리 위로 팔을 흔들면서 가능한 큰 목소리로 소리쳤다.

"제시카!"

그는 그의 아내이거나 약혼자이거나 여자 친구일 것 같은 사랑하는 사람을 보고 있었다. 그리고 그녀를 보아 매우 흥분된 것 같았다. 다른 사람이 그가 소리치는 것을 듣든 말든 신경 쓰지 않았지만 정말 큰 소리로 불렀기 때문에 주위에 있는 우리 모두 다 그 소리를 들었다. 아니, 다른 사람이 뭐라 생각하든 그는 조금도 신경 쓰지 않았다. 왜냐하면 그는 사랑하는 사람을 만난다는 것에 흥분해 있었기 때문이다.

내가 자주 사용하는 두 성경 버전*에서 "시끄러운"이라는 말은 요한계시록에 21회 나온다. "하늘이 고요하더니"(요한계시록 8:1)가 딱 한번 언급된 것과는 대조적이고 이 고요함도 30분만 있었다. 확실히 천국의 영역에서 조용함은 이상하다. 그러나 시끄러움이 기계적으로 만들어진 소리는 아니다. 전자 기기 증폭 장치로 만들어진 소리가 아니다. 성경책에 언급된 21회의 소리는 거의 "목소리" 또는 "목소리들"로 만들어진 것이다. 요한계시록에 나와 있는 상대적으로 몇 안되는 소리에 대한 언급 또한 이러한 시끄러운 목소리를 말한다.

아까 말한 거위와 공항에서 만난 남자처럼 천국에 있는 사람들은 시끄럽다는 것을 다시 한번 말하고 싶다. 많은 소음을 만들고자 하는 것이 아니라 너무나도 흥분되었기에 내는 소리다. 의도된 청취자가 귀가 안 들리기 때문이 아니라 열정, 감정 그리고 열광에 사로잡혀서 시끄럽게 격렬하고 강하게 소리 지르는 것이다.

● the English Standard Version(ESV) and the New International Version(NIV)

가장 최근의 슈퍼볼Super Bowl 경기가 있던 날 밤, 경기가 끝난 후에 한 동료가 페이스북에 글을 올렸다.

"요즘 너의 마을에 가장 시끄러운 장소가 라디오 서비스가 AM 서비스가 있는 곳이니 아니면 슈퍼볼 파티가 있는 곳이니?" 이 질문은 생각을 요하는 질문이다.

이 질문을 통해 나는 소리가 찬양 예배의 우선적인 목적이 아님을 단호히 주장하고자 한다. 아닐 뿐더러 아니어야 한다.[17] 확실히 명심해 두길 바란다. 그러나 사람들 목소리의 데시벨 높이는 확실히 열정에 따라 다르다. 만일 우리가 스포츠 경기에 하나님을 향한 목소리의 크기보다 훨씬 높은 크기로 소리친다면 어떨까?

우리가 요한계시록에서 발견한 시끄러운 목소리는 열정과 전심으로 하는 시끄러운 소리이다. 그들이 외치는 것은 하나님의 위대함과 존귀함이다. 그들이 축구보다 훨씬 중요한 문제인 영원한 가치에 대해 집중하기 때문에 그들의 목소리는 더 커진다.

아마도 우리 또한 예배드릴 때 목소리를 높여야 한다. 다시 한번 시끄럽게 하려는 목적으로 소리를 올리는 것이 아니라 홍

분되고 열광하며 열정적인 예배의 결과로 소리를 높여야 한다는 것이다. 핏 값으로 우리를 얻으신 그 분을 향해 노래하고 소리 높일 때 우리는 에너지가 넘치고 생기를 얻을 것이다. 바로 우리가 천국에서 드리는 예배의 모습이다. 공항에서 만났던 그 남자처럼 우리는 "예수님!"이라고 소리쳐야 한다. 호숫가에 있던 거위들처럼 우리의 목소리는 그의 이름으로 모인 우리에게 찾아와 주신 우리의 하나님, 우리의 주님을 향한 격렬함과 흥분으로 높아져야 한다.

천국에서 드리는 예배와 같이 우리의 예배 또한 단지 소음을 만드는 것이 아니라 진정으로 소리 높여 드리는 예배가 되어야 한다. P.A.(증폭) 시스템에 소리를 높이거나 기타 앰프나 오르간을 더 세게 틀라는 말이 아니다. 오히려 우리의 마음을 다해 최선의 목소리를 내라는 것이다. 말하자면 공동체의 압박에 강요받지 않고도 중언부언하는 말이나 목소리를 반만 내는 찬양은 하시 말아야 한다. 우리의 예배에 구경 온 사람들이 우리가 예배드릴 때 얼마나 열정적인지 바로 느껴야 한다. 250년도 훨씬 전에 존 웨슬리John Wesley는 이렇게 말했다.

"활기차고 담대하게 노래하라. 마치 여러분들이 반은 죽은 사람이고 반은 자는 사람처럼 노래한다는 것을 알아야 한다. 힘

을 다해 목소리를 높여라."¹⁸

한 작은 교회 앞문에 "침묵은 예배를 위한 준비이다."라고 적혀 있는 것을 본 적이 있다. 그리고 그 글 밑에 하박국 2장 20절 말씀이 적혀 있었다. 그 구절은 "오직 여호와는 그 성전에 계시니 온 땅은 그 앞에서 잠잠할지니라 하시니라"이다.

몇 년 전에 저드슨 콘월Judson Cornwall 박사가 이 글에 대해 뒤늦게 말한 의견을 들었다. "성경책에 한번 나오는 말씀이므로 우리 모두가 한번 행해야 하는 말씀이다." 물론 그가 그 말을 한 후에 씩 웃었지만 요점을 잘 파악했다. 의심할 여지없이 많은 성경 구절이 예배에서 찬양을 드릴 때 노래하고 소리치고 박수치라고 말하고 있다. 우리가 요한계시록에서 보았던 예배를 연상시키는 시끄러운 모습이다.

요한계시록에 나오는 사람들, 천사들 그리고 피조물들이 서로서로 경쟁하며 소리만 높인 것이 아니라는 사실을 깨닫길 바란다. "내가 너보다 더 크게 부를 거야."라는 말을 한 자는 아무도 없었다. 소리의 높이를 올리라는 압박도 없었다. 그 대신에 전심을 다해 부르는 열정의 결과로 소리를 낼 뿐이다.

예수님은 "네 마음을 다하고 목숨을 다하고 뜻을 다하고 힘을 다하여 주 너의 하나님을 사랑하라 하신 것이요"(마가복음 12:30)라고 말씀하셨다. 온 마음과 목숨과 뜻과 힘을 다하여 하나님을 사랑하는 것은 반쪽짜리로 사랑해서는 아무 소용이 없지 않은가? 우리의 전부를 드리지 않고 반쪽 마음으로 사랑하면 아무 소용없다.

솔직히 말해서 소리의 강도와 열정에 대해 너무 많이 얘기하고 싶지 않다. 소리는 단지 부산물일 뿐이다. 내가 호수에서 보았던 거위와 공항에서 만났던 그 남자와 스포츠 경기에 광팬들은 어떤 면에서 그들이 정말로 열광하는 것에 소리를 크게 낸다는 사실을 보여주는 증인들이다.

목소리 크기는 강도를 나타낸다. 예를 들어 무의미한 텔레비전 광고를 제외하고 어느 누구도 가장 선호하는 통조림 완두콩 상표나 자동차 기름 상표와 같은 것에 소리치지 않는다. 이것들은 완두콩의 광팬이나 자동차 기름 광팬이 아닌 사람들에게 지루하고 시시하고 재미없는 것이기 때문이다. 이것들은 열정이나 열심을 보장하지 않는다. 단지 우리의 목소리를 높이는 것은 정말로 우리를 흥분시키고 열광시키는 것이어야 한다.

이런 면에서 주님이나 그의 자비로우심보다 더 열광하고 열정적일 수 있는 것이 있는가? 없다!

나는 예수님이 10명의 나병환자를 고치신 이야기를 좋아한다. 그 나병환자들이 예수님 앞에 있을 때 예수님은 그들의 병을 즉시 낫게 하시지 않으셨다. 대신에 예수님은 그들을 제사장에게 보내서 제사장이 그들의 병이 나았는지 확인하게 하셨다. 말씀에 "그들이 깨끗함을 받은지라"(누가복음 17:14)고 적혀있다. 갑자기 나병이 사라져서 얼얼한 감정을 그들이 느꼈는지 우리는 알 수 없다. 아니면 걸어가는 동안 그들 중 한 명이 다른 사람의 몸을 보고 나병이 나았다는 것을 알았을지도 모른다. 자세한 건 알 수 없다. 어떻게 그들이 알아냈는지도 모른다. 단지 그들이 제사장에게 가는 길에 나았다는 것만 안다.

하지만 이 이야기에서 가장 좋아하는 부분은 치유 자체가 아니라 돌아왔던 한 남자이다. "그 중의 한 사람이 자기가 나은 것을 보고 큰 소리로 하나님께 영광을 돌리며 돌아와"(누가복음 17:15) 10명의 나병환자 중 1명만 예수님께 감사하기 위해 돌아왔다. 주님은 그를 기적적으로 치유하셨고 그는 빚진 자였기 때문에 그 빚을 갚기를 원했다. 그러나 그는 조용히 예수님 곁으로 가서 예수님께 소심하고 겨우 알아볼 만한 칭송을 하지 않았다.

약간의 긍정의 표시로 반만 미소를 지었던 것도 아니었다. 그는 "큰 목소리로 하나님을 찬양했다." 그는 무슨 일이 있었는지 모두가 분명히 알기를 원했다. 왜일까? 왜냐하면 그는 끔찍한 육체적 질병으로부터 즉시 치유되었기 때문이다. 그는 그 일을 말하는 것을 전혀 부끄러워하지 않았다. 하나님은 그의 인생의 남은 날을 전체적으로 바꾸기 위해 개입하셨다.

중요한 사실은 당신과 나도 훨씬 더 크게 우연한 만남을 했다는 것이다. 우리는 나병보다 더 큰 병을 치유 받았다. 창조주로부터 우리를 분리시키는 죄가 대속되었고 완전히 사함 받았다. 영원히 사라졌다! 이런 점에서 어떻게 우리가 나병이 나음으로 홀로 돌아와서 하나님을 큰 목소리로 찬양했던 그 나병환자와 다를 수 있는가? 천국에 있는 사람들이 우리의 영혼의 구원자되신 보좌에 앉으신 어린 양을 향해 예배드리는 것처럼 우리도 웨슬리가 "온 힘을 다해 목소리를 높여라"고 말한 것처럼 해보자.

더 깊게 생각하기

- 당신은 웨슬리가 말한, "반은 죽은 것처럼 반은 자는 것처럼 찬양한다"는 것처럼 한 적 있는가? 만약 그랬다면 이를 변화시키기 위해 무엇을 할 것인가?

- 우리는 "네 마음을 다하고 목숨을 다하고 뜻을 다하고 힘을 다하여 주 너의 하나님을 사랑하라 하신 것이요"라고 명령 받는다. 사람이라는 것만으로도 우리는 사랑과 예배를 표현하는 통합체가 될 수 있다. 어떻게 이런 명령이 천국에서 드리는 예배가 시끄럽다는 것을 발견한 나와 연관성이 있는가?

- 당신은 주님보다 스포츠 경기나 다른 신나는 활동에 더 열정적인가?

천국에서 드리는 예배는
드러내는 것이다.

몇 년 전, 에스토니아 탈린Tallinn에 있는 올레비스테 교회 Oleviste Church에서 세 번의 주일 오전 예배 중 첫 번째 예배에서 설교를 한 적이 있었다. 두 번째 예배에 공식적으로 출석할 의무는 없었지만 예배에 다양한 문화에서 온 사람들을 보고자 발코니로 갔다. 그 예배는 요한이 천국에 대해 묘사했던 것을 떠오르게 했다. 나이든 남자가 손을 들어올렸다. 잠시 후에 더 젊은 여자가 무릎을 꿇었다. 뒤편 위쪽에서 보니 예배가 정말 잘 보였다. 거대한 고대 성당을 가로질러 서 있는 사람들이 하나님을 향해 온 몸을 다해 예배를 드리고 있었다. 그들의 언어는 이해할 수 없었지만 육체적인 표현이 모든 것을 말해 주었다. 나에게 이 예배는 천국 예배 같았다.

성경에 나오는 천국에서 드리는 예배는 열정적일 뿐만 아니라 드러내는 것이다. 요한계시록에 나오는 말씀이 매우 설득력 있다. 장로들이 보좌 앞에서 엎드리고 그들의 왕관을 내려놓는다. 성도들이 종려나무 가지를 흔든다. 심지어 천사들도 그들의 얼굴을 숙인다.

예배자들은 모두 뭔가를 하고 있다. 그들은 다 예배에 참여한다. 어슬렁거리는 사람도 엄격한 태도로 명령을 내리는 사람도 없는 것 같다. 참석자들이 모두 강요 없이 하나님을 향해 진정으로 예배드리는 것 같다.

성경책 많은 구절에 예배에 대한 육체적 표현이 나와 있어서 쉽게 찾을 수 있다. 특히 요한계시록에 나온 말씀과 매우 흡사한 말씀이 시편에 나와 있다. 허리를 굽히고 무릎을 꿇는 것과 같은 육체적 표현은 자주 등장하는 말씀이다. 손을 들고 박수 치고 심지어 춤추도록 지시하는 말씀이 자주 나와 있다. 아마도 그런 지시가 이 땅에서 드리는 예배가 천국에서 드리는 예배를 더 잘 닮도록 도와줄 것이다.

뒤늦게 박사가 된 로버트 웨버Robert E. Webber는 20세기의 예배를 주제로 한 다작 작가이자 예배학 교수이다. 그의 오디오 예배시리즈 책 ≪예배는 동사다 Worship is Verb≫에서 웨버는 이렇게 말했다.

"예배는 누군가가 우리에게 해 주는 것이 아니다. 누군가가 우리를 해 주는 것도 아니다. 예배는 우리에 의해 행해지는 것이다."

그의 말이 맞다. 천국에서 드리는 예배와 같이 우리를 드러냄으로서 필수적인 참여가 있어야 한다. 성경은 내적인 진실의 상징으로서 외적인 행동을 많이 말씀하고 있다. 예를 들어 사람들이 재난이나 질병으로 인해 극심한 고통으로 옷을 찢거나 죽음으로 탄식하거나 죄를 회개했다. 비록 옷을 찢는 것이 하나님께 명령 받은 것은 아니지만 내면에서 우러나와서 하는 외형적인 표현이다.

그러나 주님은 그의 백성들에게 단지 외형적인 것에만 치중하는 것을 조심하라고 경고하셨다. 요엘 2장 13절에 하나님이 말씀하셨다. "너희는 옷을 찢지 말고 마음을 찢고" 그들은 내면적인 진실과 별개로 외형적인 행위를 했던 것이다. 그래서 주님이 그들을 막으려고 이 말씀을 하셨다.

신약에서 사도 야고보는 내면에 있는 것이 외면으로 표현되어야 한다고 듣는 자들에게 상당히 강조한다. 반복해서 야고보는 우리의 행동과 우리의 언행을 통해 하나님이 우리의 내면에 행하신 일이 무엇인지 외적으로 들어날 수 있다고 말한다. 하나님이 우리의 심령 가운데 하시는 일은 우리가 상호작용하는 사람들에게 분명히 전달되어야 한다.

그러나 중요한 것은 바리새인들이 했던 것, 회반죽을 바른 무덤과 같은 행위는 하지 말아야 한다. 그들은 겉으로는 좋아 보였지만 단지 겉모습뿐이었다. 그들의 행동과 언행은 그들의 내면에 하나님이 하신 일을 분명히 드러내지 못했다. 사실 그들의 마음은 전혀 하나님을 향해 있지 않았다. 그들이 했던 것은 외적인 보여주기가 전부였다. 예수님은 바리새인의 이런 위선에 맞섰고 제자들에게 이를 지적하셨다. 예수님은 그의 제자들이 두 얼굴을 가진 행동을 분명히 알아 그렇게 하지 않도록 그들을 지키기를 원하셨다. 의심할 여지없이 하나님이 보시는 것은 그가 우리의 심령 가운데 하신 일이 드러나는 것이다.

물론 이렇게 말하는 사람도 있다. "나는 드러내는 사람이 아니다." 그런 사람은 팔짱 끼고 서서 자신이 누구인지 보여주는 게 더 편하다고 말한다. 이것은 그들의 인격과 밀접한 관련이 있다.

그런 생각을 하면 문제가 되는 것이 자신의 인격에 흠이 없다고 생각한다는 것이다. 예를 들어, 누군가가 "내가 이렇게 행동하는 건 어쩔 수 없어요. 나는 친절하지도 긍휼함을 가진 사람도 아닌데요."라고 말한다. 그런데 성경은 그리스도를 믿는 자는 친절하고 긍휼함을 가져야 한다고 말한다. 그래서 내적으로 친절하고 긍휼함을 가지고 있지 않는 사람이 하나님의 명령을 무시해도 되는 특권을 가지고 있는가? 절대 그렇지 않다! 사람과 하나님은 양립할 수 없으며 하나님은 불변하시다.

대부분의 기독교인들은 이 점을 이해하고 있다. 우리가 일반적으로 배우고 자란 곳에서 우리는 빛나지 않는다. 다만 하나님께 회개하고 변화시켜 달라고 부탁한다. 이것이 우리가 자라고 성숙해지는 방법이다. 그런데 왜 우리는 예배를 드릴 때 이렇게 하지 않는가? 내가 수년 간 많은 사람들에게 말해 왔듯이 예배의 영역은 제한이 없다.

물론 우리가 모두 다르다는 것을 알고 우리가 똑같이 될 수 없다는 것도 안다. 사실 우리는 똑같지 않아야 한다. 우리의 예배도 약간의 차이를 보여야 한다. 주어진 바가 다르기 때문이다. 하지만 동시에 우리 자신의 죄의 속성을 벗어버리고 최소한 보편적인 분모를 공통적으로 가지고 있어야 한다. 예배를 드릴 때 내적으로도 외적으로도 열정적으로 참여하기보다 수동적이고 비참여적인 행동을 하기가 훨씬 쉽다. 대부분 기독교인들이 가는 길이 그렇듯 말이다.

그러나 우리는 지도자로써 결단코 이렇게 되지 않도록 막아야 한다. 성도들이 향하는 그 곳에서 기독교인들의 삶에 모든 부분을 가르치고 격려하고 표본이 되어야 한다. 앞으로 나아가지 못하는 사람들이 보일 때 진정한 지도자라면 그 사람들을 격려하고 하나님의 자비와 성경 말씀으로 그들을 앞으로 나아갈 수 있도록 이끌어주어야 한다.

하나님의 계획은 우리 모두를 하나님 안에서 내적으로도 외적으로도 성숙하게 만드는 것이다. 하나님께 우리의 심령 가운데 일하시게 함으로 그 일은 외적으로도 더욱 명백하게 드러나게 된다. 이것이 우리의 예배에 포함되어야 한다.

최근에, 나는 예배 세미나에서 한 여자를 만났다. 그녀가 어렸을 때 그녀 가족에게 애완용 새 카디날Cardinal이 있었다고 말했다. 그 아기 새는 둥지에서 떨어져서 어미 새에게 버림받았다. 그녀 가족은 작은 카디날을 데리고 가서 애완용으로 키웠다.

그런데 그 카디날은 이상한 특이점이 있었다. 노래를 부르지 않았다. 전혀 부르지 않았다. 야생 카디날은 창문 밖에서 노래했지만 이 카디날은 노래하지 않았다. 어느 날 그녀가 이유를 깨달았다고 말했다. 아무도 카디날에게 노래하는 법을 가르쳐 주지 않았다. 어떤 누구도 카디날이 부르는 노래를 몰랐고 배운 적도 없었다.

이는 오늘날 교회의 몇몇 성도들에게도 있는 문제라고 생각한다. 그들은 결코 예배에서 드러내고 표현하는 법을 배운 적이 없었다. 그들은 배운 적이 없기 때문에 어떻게 할지 모른다. 낯설고 불편할 것이다. 그러나 정직하게 말하면 친숙함이나 편안함의 부재가 성경 말씀을 따르지 않는 적절한 변명이 되지 못한다.

우리가 항상 교회에서 형식적이고 금욕적이기 때문에 그것이 옳다고 말할 수 없다. 우리는 종종 이기적이고 용서치 못하기도 한다. 그러나 우리가 그렇게 해왔다고 해서 교회에서 딱딱한 태도로 있는 것보다 형식적이고 금욕적인 태도가 더 옳은 것은 아니다.

다작 작사가 겸 작곡가이자 목사인 마크 앨트로게Mark Altrogge는 그의 아들 스테픈과 함께 블로그를 운영한다. 최근

블로그에 올린 글에 이런 제목이 있었다.

"남자들이여, 진정한 남자처럼 예배드리자!"

그리고 스테픈은 이렇게 말했다.

"나는 나 자신을 포함해, 친한 동생들에게 도전이 될 만한 문제를 거론하고 싶다. 주일 아침 예배에 함께 모여 찬양을 부를 때 진정으로 예배를 드려 보자. 만약 당신이 손을 들고 찬양하는 교회를 섬기고 있다면 호주머니에서 손을 꺼내 하나님께 손을 높이 올려라. 폐를 있는 힘껏 확장시켜 찬양하라. 얼굴에 큰 미소를 지으며 거리낌 없이 기쁨으로 찬양하라. 진짜 사내 대장부가 되어 사람들이 뭐라고 생각하든 신경 쓰지 않고 하나님을 향해 예배하는 모습을 아이들에게 보여주라. 진정한 남자는 감동 없이 서 있거나 팔을 꼬거나 겨우 찬양 가사를 읊조리지 않는다. 진정한 남자는 하나님을 예배하는데 모든 것을 걸어야 한다."[19]

앨트로게는 이렇게 묻는다.
"왜?"
그리고 단순하게 대답한다.
"하나님은 찬양 받기에 합당한 분이니까."

바로 다음 날, 스테픈의 아버지 마크 앨트로게는 비슷한 주제로 블로그에 또 글을 올렸다.

"한 이방인이 주일 예배에 와서 당신이 드리는 예배를 본다면 과연 그가 당신이 하나님만 생각한다고 결론 내릴 수 있겠는가?

당신은 하나님이 얼마나 위대하고 영광받기 합당하고 기쁘고 흥분되는 존재라고 생각하는지 예배를 통해 표현하고 있는가? 하나님이 신실하고 선하시고 사랑이 충만하시고 만족해하시는지 예배에서 보여주고 있는가? 이방인이 볼 때 하나님이 진정으로 살아 있음을 당신이 믿는다고 결론 내릴 수 있는가?

아니면 단백질 검사를 할 때처럼 흥분되는 존재로 하나님을 생각하고 예배드리지 않는가? 아마도 당신이 생물학 전공자라면 흥분되겠지만 나는 그렇지 않다. 2톤의 거름을 삽으로 옮기도록 요구받은 사람이 느끼는 열정으로 찬양을 부르지는 않는가? 하나님이 멀리 계시고 무관심하다고 생각하며 예배드리지는 않는가?

당신은 예배를 드리며 하나님이 우리를 위해 일하신 것에 대해 무엇이라고 말하는가? 하나님의 진노로부터 영원히 죄 사함 받은 것을 우리가 찬양하는가? 천국에서 예수님과 함께 앉아 있는 사람들처럼 우리가 찬양하는가? 모든 죄가 씻겨졌음을 감사하는 사람들처럼 우리가 찬양하는가? 그들 안에 살아 계신 천지의 왕으로 인해 기뻐하는 사람들처럼 우리도 기뻐하는가?

우리는 표현하며 하나님께 예배드려야 한다. 다른 사람들에게 보여주거나 깊은 인상을 주기 위해서 하는 것이 아니라 그 분을 얼마나 사랑하는지 보여드리기 위해 표현해야 한다. 우리가 하나님을 영원히 위대하고 영광 받기 합당하고 존엄하시고 찬양 받기 합당하다고 생각한다는 것을 표현해야 한다."

예배는 무엇보다도 마음이 중요하다. 그래서 겉으로 보여주기 위한 것이 아니라 전심으로 하나님께 예배드려야 한다. 예전에 존 파이퍼John Piper 목사가 했던 말이 참 좋다.

"예배는 마음에서 시작되지만 그 곳에 계속 머물러 있어서는 안 된다. 밖으로 표현되어야 한다."[20]

몇 년 전에 나는 충격적인 말을 들었다.
"그리스도인이면서 우리 대부분은 교회에서 거짓말을 한다." 사실이다! 하나님 앞에서 허리를 굽히거나 손을 높이 들어 올리기로 선포하고는 내내 허리를 굽히지도 않고 손을 들지도 않는다. 대신에 뻣뻣하게 팔짱을 끼고는 똑바로 서 있다. 무엇이 문제인가?

만일 우리가 천국에서 드리는 예배의 모습을 닮고 싶어 하면 우리의 예배는 드러내고 표현하게 될 것이다. 다시 말해서 예배의 모습은 심지어 매우 크게 사람마다 다를 수 있다. 모두가 공중으로 뛰어 오르거나 팔을 들고 흔들지는 않을 것이다. 하지만 전심을 다해 하나님이 일하셨고 일하고 계시는 것을 외적으로 드러내야 한다. 누군가가 예배드리는 동안 완전히 동떨어진 상태로 있고 참여하지 않는다면 그것은 우리가 하나님 말씀에서 본 천국의 모습에 어긋나는 것이다.

☞ 더 깊게 생각하기

- 앞에 언급한 마크 앨트로게의 질문 "남자들이여, 진정한 남자처럼 예배드리자!"에 당신은 어떻게 대답할 수 있는가?

- 친구나 동료를 위해 증언하기 꺼리는 것이 예배에서 드러내기 꺼리는 것과 어떻게 관련이 있는가?

Worship in Heaven,
and Why on Earth It Matters

| 제 2 편 |

왜 이 땅에서 드리는 예배는 천국에서 드리는 예배와 다른가?

세상과 육신과 사탄은
오직 하나님으로 말미암아
예배로 대적할 수 있다

우리는 타락한 세상에서 살고 있다. 죄가 우리의 세상과 삶에 해를 끼쳐 왔다. 우리를 삼키기를 원하는 역경을 늘 겪고 있다. 그리고 오직 하나님으로 인한 예배를 대적하는 세상과 육신과 사탄이 온 사방에 있다.

세 상

전반적인 우리의 사회, 매체, 교육 시스템과 같은 세상은 많은 기독교인들의 생각을 빼앗아갔다. 전체적으로 믿는 사람들의 대부분이 세상에 속아 잘못된 생각을 한다. 당신도 그렇게 생각하지 않는가? 이를 뒷받침하는 몇 가지 사실이 있다.

- 최근 연구조사에 따르면 10% 미만의 미국 기독교인들만이 진정한 성경적 세계관을 가지고 있다는 결과가 나왔다. 불과 10명 중에 1명밖에 안 된다!
- 고작 40%만이 기독교인으로서의 믿음을 전적으로 신뢰한다고 말했다. 이는 10명의 기독교인 중 6명이 하나님 외에 다른 것을 신뢰할 수 있다는 뜻이다.
- 62%의 청년 기독교인들이 다음 이 말에 동의했다. "삶에서 경험한 것 외에는 확실히 아는 것이 없다." 아, 이런 말을 해서 유감스럽지만 성경의 진리는 어쩌란 말인가?

나는 다른 많은 통계자료를 계속 살펴보았는데 요점을 정리하자면 이렇다. 이 통계자료에서 살펴볼 수 있는 사고방식은 믿는 자로써 우리가 성경말씀보다 세상에서 많은 단서를 찾는다는 것을 보여준다. 세상은 너무 많은 기독교인들의 생각을 빼앗는다.

내 친구 중 한 명이 최근에 나에게 충격적인 말을 했다. 얼마 전 그 친구가 한 모임, 가족이 가진 것에 집중하기, '진실 프로젝트The Truth Project'에 참석했다. 당신이 '진실 프로젝트'라는 모임이 생소할 듯해 설명하자면 이 모임은 확고한 성경적 세계관을 가질 수 있도록 도와주는 대단한 모임이다. 내 친구가 그 모임을 통해 천천히 몰랐던 세상적 세계관의 상당 부분을 알게 되었다고 말했다. 내 친구와 그의 가족은 선하며 하나님의 사람들임을 염두해 두길 바란다. 만일 그들에게 일어난 일이면 모든 사람에게도 일어날 수 있는 일이다. 우리들 모두 우리 안에 세상적 세계관을 많이 가지고 있을 것이다.

마찬가지로 현대의 소통과 여행을 통해서 그동안 전례 없었던 많은 가능성 있는 다른 믿음관과 심지어 신들에 대해서도 서로서로에게 매우 밀접하게 영향을 끼치고 있다. 만일 당신이 미국의 큰 도시나 근처에서 산다면 당신이 하나님을 믿고 신뢰하는 것과 매우 다른 믿음을 가진 사람들이 주위에 있을 수도 있다. 그들은 무슬림일 수도 있고 모르몬교인, 부처를 믿는 사람 또는 바하이교인Baha'i, 힌두교인 또는 하레 크리슈나교인Hare Krishna, 유대인 또는 여호와의 증인, 무신론자 또는 불가지론자 그리고 무수히 많은 종교인들일 수 있다. 우리가 그들과 정기적으로 상호작용하면 그들의 관점, 세계관 그리고 사고방식이 우리의 사고방식에 영향을 끼치고 심지어 잠재적으로 왜곡시킬 수도 있다.

내 아내와 나는 함께 살 뿐만 아니라 일도 함께 한다. 목회 사무실이 우리 집에 있다. 때때로 내가 컴퓨터로 일을 할 때 아내가 나에게 말을 하곤 한다. 비록 그녀가 하는 말이 잘 이해가 안 되는 난해한 내용일 때도 있지만 내가 컴퓨터 화면을 보며 일하는

데 집중하고 있어서 이해가 안 될 때도 있다. 결국 나는 그녀가 하는 말의 대부분을 놓친다. 그녀에게 말하지 말아 달라. 내가 그녀가 말할 때 그녀에게 집중하지 않는다는 것을 그녀는 모른다.

똑 같은 경우가 우리의 삶에도 일어날 수 있다. 일주일 내내 우리는 세상적인 환경에서 살고 일하다가 일주일에 한번 예배를 드리러 교회에 간다. 여전히 우리의 초점은 세상적인 일들에 사로 잡혀 있고 이 땅에서의 많은 것들에 몰두하고 있어서 예배드리는 동안에도 하나님의 존재를 잊어버린다. 우리는 세상적인 사고방식과 자기 몰두의 사고방식에서 벗어나려고 단호한 노력을 해야 한다. 우리 자신에게 이에 대한 해답을 구하기 위해 다음과 같이 질문해야 한다.

"우리가 세상의 문화와 매체로 지은바 되었는가? 아니면 하나님의 말씀과 찬양으로 지은바 되었는가?"

나는 이 세상적인 유혹이 우리의 삶에서 속임수를 부리고 있다는 것을 깨닫고 알린 최초의 사람일 것이다. 물고기가 설사 말할 수 있게 될지라도 이런 질문에 답을 할 수는 없다. 그렇게 지어졌기 때문이다. 물고기는 다른 것에 대해 생각할 수가 없다. 우리 또한 똑 같은 문제를 가지고 있다. 천국의 백성들과 달리 우리는 세상 속에 살면서 알게 된 것이 전부이다.

하지만 내가 확실히 말할 수 있는 것은 하나님의 말씀을 우리의 생각에 투영시키면 시킬수록 세상적인 관점은 밀려난다는 것이다. 자주 성경말씀을 읽고 공부하고 암송하면 세상적인 사고방식이 접근하지 못할 것이고 더 천국의 사고방식을 순종하게 될 것이다.

육신

세상의 유혹 뿐만 아니라 죄성을 지닌 우리의 육신도 있다. 죄는 우리로 하여금 자신에게만 몰두하도록 만든다. 내 직장동료 중 한 명이 말하기를 많은 기독교인 어쩌면 대다수가 그들 안에 있는 WII-FM•, '그 속에 나를 위한 것이 무엇이 있는가?'에 주파수를 맞추고 있다고 한다. 이것은 예배에 있어서도 마찬가지다. 죄는 하나님보다 우리 자신에게 초점을 맞추게 한다.

사실 사회는 현실적으로 우리가 우리 자신과 작은 세상에 초점을 맞추도록 강요한다. 우리는 우리의 관점으로 모든 것을

• What's In It For Me?를 속칭 WII-FM라고 하여 '청중의 마음을 읽는 법' 또는 '청중을 내 편으로 만들고 시작하는 비결'이란 뜻으로 사용 (역주)

바라본다. 그 모든 것은 우리 주위에서 계속 맴돈다. 물론 기독교인으로써 우리는 이것을 사실상 인정하지 않는다. 그렇다고 생각하길 원하지 않는다. 옳지 않기 때문이다. 우리는 다 안다. 그럼에도 불구하고 진실은 우리 행위로 드러난다.

왜 오늘날 사람들이 그들 집에 다섯 대의 텔레비전을 켜 두고 원하는 프로그램을 각자 보고 있는가? 왜 그렇게 많은 가족들이 함께 외식하러 갈 때 의견 일치하는 것이 어려운가? "지난번에 쟤가 먹고 싶은 거 먹었잖아요!"라고 불만을 얘기한다.

내가 어렸을 때 우리 집에는 텔레비전이 한 대가 있었다. 다른 사람이 보고 있는 프로그램을 같이 보거나 아예 보지 않았다. 외식하러 갈 때 투표를 할 필요도 없었다. 우리 집에는 이기적인 마음을 가진 사람이 아예 없었다. 정말 그랬고 지금도 그렇다. 하지만 오늘날 우리는 이기적인 마음을 가지고 있다. 우리 주위를 맴도는 모든 정신세계가 우리 사회에 팽배하다. 이는 어디에나 있다. 당신은 매체에서 반복적으로 이것을 볼 수 있다. 영화, 텔레비전 쇼, 신문 광고, 라디오, 빌보드, 소셜 네트워크 SNS, 컴퓨터 게임 등등… 모두 그것을 강화시킨다. 영향을 받지 않는 것이 오히려 불가능할 정도이다. 우리 주위 모든 곳에 있는 이 정신세계에 빨려 들어가고 있다.

우리의 삶의 대부분을 위해 우리는 우리의 행동을 통제한다. 이는 특히 미국인들에게 적용이 된다. 우리는 원할 때 원하는 것을 한다. 아무도 우리의 계획을 간섭하지 말아야 한다. 우리가 가고자 하는 목적지가 어디든지 간에 차를 타고 간다. 여유 시간이 있으면 즐기기를 원한다. 특별하거나 중요한 일이 없을 때 비디오 게임, 텔레비전, 인터넷 서핑, 심지어 쇼핑을 하며 우리 스스로를 즐겁게 한다.

완전히 대조적으로 회중이 모여서 드리는 하나님을 향한 예배에 대해 존 제퍼슨 데비스John Jefferson Davis는 말했다.

"이것은 차를 운전하는 것과 다르다. 나는 통제 받지 않는다. 하나님이 나를 데리고 가는 곳으로 갈 것이다. 이것은 쇼핑몰로 가는 여행이 아니다. 이것은 '소비'에 대한 것도 '오락'에 대한 것도 아니고 하나님을 향한 찬양과 하나님의 존재에 관한 것이다. 내가 이 곳까지 운전해 온 차보다 더 오랫동안 존재하는 하나님 말이다."[21]

나는 이 말이 마음에 든다. 제퍼슨은 정곡을 찔렀다. 특히 예배의 영역에 있어서 우리의 육신적 본성이 주는 '나는-나를-나의 것I-Me-Mine' 사고방식을 버리고 우리의 초점을 궁극적인 존재이신 하나님께로 옮겨야 한다.

얼마 전, 나의 지인이 페이스북에 놀라운 글을 올렸다. 그는 그 글을 출처를 밝히지 않고 인용해서 올렸지만 생각해 볼 가치가 있다.

"하나님을 대신하는 것은 기능적인 신성모독이다. 하나님은 예배의 관객이다. 만약 우리가 관객이 된다면 그것은 신성모독이다."[22]

이것은 정확한 표현이다. 기능적 신성모독. 나는 신성모독의 죄를 범하고 싶지 않고 당신도 그렇다고 확신한다. 하지만 회중이 드리는 예배에서 우리가 너무 쉽게 주된 초점을 우리에게 맞추지 않는가? 나와 나의 필요, 요구 그리고 욕구에 너무 많은 초점을 맞추면 내 마음속에 내가 너무 커진다. 그렇게 되면 그에 상응하는 반작용이 나타난다. 만일 의도적이든 의도적이지 않던 내 마음속에 내가 너무 커지면 하나님은 작아진다. 나의 큰 자아가 그를 쫓아내는 것이다.

이렇게 해보자. 읽던 것을 잠시 멈추고 당신에게 떨어진 방 너머에 있는 어떤 물체를 몇 분 동안 의도적으로 응시하라. 당신이 그것을 응시할 때 다른 물체들은 주변적인 시각으로 보게 된다. 다른 물체들은 흐릿하고 초점에서 벗어나게 된다. 당신이 응시하는 한 물체만이 깨끗하고 뚜렷하게 보인다. 비록 그 물체가 주변에 다른 물체보다 작을지라도 초점의 중심에 있는 물체이기 때문이다. 우리는 예배자로써 우리 자신을 주변으로 밀어내고 하나님께 깊이 초점을 맞출 필요가 있다.

만일 우리가 선포하듯이 하나님이 크고 방대하고 압도적으로 위대하시다면 그런 시시한 것들이 하나님으로부터 우리의 관심을 빼앗아가도록 둘 것인가? 내 생각에는 아니다. 당신의 육신적인 죄성이 당신이 예배드릴 때 하나님 오직 한 분께 집중하는 것을 빼앗게 두지 말라.

사탄

마지막으로 주님께로부터 우리의 관심을 빼앗으려는 적이 있다. 사탄이 광야에서 예수님을 시험했을 때 사탄은 구원자 되신 예수님이 하나님께 영광 올리지 못하게 하려고 애썼다. 사탄은 예수님께 세상의 모든 왕국을 주겠다고 했지만 예수님은 단지 하나님께 허리를 굽히고 예배드렸다. 하지만 예수님은 이 땅에 있는 것들이 화려하다는 것을 아셨고 그것들이 오직 한 분 진리 되신 하나님께 합당하지 않다는 것을 아셨다.

사탄은 정말 변하지 않았다. 여전히 사탄은 하나님의 백성들이 전지전능하신 주님을 예배드리기 원하지 않는다. 그래서 그 예배를 막기 위해 우리가 가는 길에 굴곡을 만들고 장애물을 친다. 모든 사람에게 해당되는 한 가지 단순한 예시가 있다. 교회에 예배를 드리러 가기 위해 준비하거나 예배를 드리러 가는 길에 심각한 문제를 겪은 적이 있는가? 왜 그렇게 많은 주일 아침을 보냈는데 이 날만 문제가 생긴 걸까?

내가 여행하면서 들었던 수많은 이야기와 함께 내가 직접 겪었던 주일 아침 사건에 대한 이야기를 들려주려고 한다. 그러나 여행 중에 들은 이야기는 입증되지 않은 이야기이다. 전반적으로 객관적인 논쟁을 할 만한 이야기가 아닌 다소 주관적인 이야기이다. 그러나 이야기에 이야기를 계속 전하는 그들의 순수한 목소리가 어느 정도 객관성을 가지고 있다고 생각하게 만든다. 주일 아침 커피숍으로 가는 길에 지속적으로 인생의 장애물을 겪고 있는 비 기독교인들을 만난 적 있는가? 이런 상황에 그들을 만나는 일이 흔한 일이 아니다. 왜 그럴까? 왜냐하면 우리의 영혼의 적은 당신 또는 다른 사람이 커피숍에 가서 커피를 사든 사지 않던 관심이 없기 때문이다. 반면에 기독교인이 교회를 가려고 하면 그에게 문제가 나타난다. 악한 세력이 우리가 예배드리는 것을 원하지 않는다.

에베소서 6장 12절에 이런 말씀이 있다. "우리의 씨름은 혈과 육을 상대하는 것이 아니요 통치자들과 권세들과 이 어둠의 세상 주관자들과 하늘에 있는 악의 영들을 상대함이라" 영적인 적이 없다고 말하는 사람은 성경말씀을 읽지 않는 사람이다. 우리를 대적하는 적이 있고 그 적은 우리가 하나님께 예배드리는 것을 막고자 하지만 우리가 그 사실을 받아들여야 한다는 뜻은 아니다. 에베소서 6장 말씀의 앞부분에 나와 있듯이 우리는 사탄의 계획에 맞서야 한다.

사탄은 우리가 하나님께 예배드리지 못하도록 수단과 방법을 가리지 않는다. 유혹, 방해, 오해, 낙담, 불행, 관계 문제 등. 수많은 문제들을 일으키지만 모두 하나의 목적으로 하는 것이다. 우리의 시선을 하나님께로부터 멀게 하기. 우리는 에베소서 6장 11절 말씀대로 적의 계획과 맞서 싸워야 한다.

어떻게 해야 맞서 싸울 수 있는가?

거룩하지 않은 이 세 가지, 세상, 우리의 죄성 그리고 사탄은 하나님께 예배드리려는 우리의 마음을 좌절시키기 위해 기괴한 조화를 이루며 함께 일한다. 이 어마어마한 적 3인조에게 이 땅에서 드리는 우리의 예배가 요한계시록에 적혀 있는 예배와 매우 다르게 보이는 건 당연한 일이다. 그래서 우리는 무엇을 해야 할까?

우리가 적을 알게 되었으니 이 3인조가 하는 일을 그대로 내버려둘 것인지 아닌지는 우리에게 달려있다. 오해하지 말라. 천국에서 우리가 완전히 고난이 없을 것이라는 말씀은 성경에 나와 있지 않다. 영광으로 나아가는 그 날까지 세상, 육신, 사탄이 계속 우리를 곤두박질치게 할 것이다. 하지만 우리가 전쟁임을 깨달았으니 그 전쟁을 포기할건지 싸워 이길 것인지 후퇴할 것인지 선택을 해야 한다. 내가 그러하듯 하나를 선택하기 위해 보기에는 흉하지만 뒹굴면서 때론 죽은 듯이 골머리 앓기를 바란다. 하지만 우리는 등 떠밀지 않으려면 본질적으로 포기하게 될 것이다. 우리가 세상과 세상이 바라는 이상향이 우리의 삶에 잠식하는 것을 보면서 어떠한 행동도 취하지 않는다면 싸움을 포기하는 것과 다름없다. 만일 이기적인 본성이 개인적이든 회중으로 모여서 하던 예배를 드리려는 수고를 폄하하려고 하는 것을 내버려 둔다면 우리는 패배를 인정해야 한다. 만일 예배를 방해하는 장애물을 만났을 때 포기한다면 우리의 적은 승리한다.

만일 하나님께 진정으로 드리는 예배가 수세기 동안 기독교인들이 선포한 대로 가장 최우선이 된다면 예배를 방해하는 것이 무엇이든지 밀어낼 수 있다. 전지전능하신 하나님을 향한 예배는 수고할 가치가 있다. 선한 싸움을 하라. 왕을 향한 예배를 간섭하는 적을 가만히 두지 말라. 당신과 나는 천국에서 드리는 예배를 재현하기 위해 가능한 모든 것을 해야 한다.

☞ 더 깊게 생각하기

- 당신은 문화와 매체에 의해 지은바 되었는가? 하나님의 말씀과 찬양으로 지은바 되었는가?

- 당신의 생각과 행동 중 어느 부분에서 전적으로 말씀대로 살지 않는다고 생각하는가? 이 질문에 대한 답을 하며 어떤 생각이 드는가? 당신의 답을 바꿔야겠다고 생각하게 만드는 이유가 있는가?

- 신성모독은 무엇인가? "그것은 기능적 신성모독이다. 만일 우리가 예배의 관객이 되면"이라는 말의 의미를 당신 자신만의 글로 적어보라.

- 사탄이 어떤 방법으로 우리와 하나님 아버지 사이에 갈등을 조장하는가?

우리는 분리된 세계관을 가지고 있다

　　우리의 많은 실제 활동이 우리의 마음과 생각을 분리시키지 못하는 것처럼 기독교인을 포함하여 대부분의 사람들이 여러 번 갈아 일어나는 현실 속에서 동시에 살아가고 있다. 오락 산업은 우리에게 겉보기에 무한한 가능성을 제공해 준다. 영화와 텔레비전, 극장, 콘서트, mp3 플레이어로 음악 연속 듣기, 전자 게임 등이 우리에게 쾌락을 주며 우리를 다른 장소 또는 다른 시간으로 데려간다. 우리의 일상적인 삶에서 우리를 다른 장소와 다른 시간으로 데려가는 많은 선택들이 있다. 내가 하는 말이 어떤 사람에게는 재미가 없을지 모르지만 어쩔 수 없는 사실이다. 우리가 그런 경험을 많이 하면 할수록 현실과 상상 사이의 경계선은 불분명해진다.

오늘날 서구 사회에서 우리는 전반적으로 분리된 삶을 살아간다. 당신은 토요일에 인터넷상으로 게임 챔피언이 될 수 있고 일요일에 미식축구 팬이 될 수 있으며 월요일에는 사업가가, 월요일 저녁에는 축구 코치가, 화요일 저녁에는 가상 소프트볼 유격수가, 수요일 아침에는 기타 영웅Guitar-Hero 우승자가, 목요일 저녁에는 원예 소사이어티Horticultural Society의 대표 등이 될 수도 있다. 과거에는 선택의 폭이 넓지 않았다. 지금 우리는 더 많은 활동에 참여할 기회를 더 많이 가진다. 그저 조부모님들께서는 상상만 하셨던 활동들이다. 종종 이러한 부분적인 분리는 우리의 생각을 완전히 덮을 수 없다. 완전히 분리되어야 한다. 우리 삶에 이러한 다양한 분리된 면이 쌓여서 우리의 영적인 삶도 쉽게 분리될 수 있게 된다. 다음 주일까지 하나님을 날마다 생각하지 않는다면 주일 아침은 온전히 하나님을 위한 시간이 되어야 한다.

우리의 사회에 점점 많은 사람들이 환상에 불과한 경험을 현실로 생각한다. 그들은 점점 가상 세계에 더 많은 시간을 쓰고 "진짜" 세상에 더 적은 시간을 쓴다. 결국 그들은 그런 맥락으로 세상을 바라보기 시작한다. 분리된 작은 세상은 서로서로 연결될 필요가 없다. 예를 들어 만일 당신이 교회를 간다면 당신에게 좋은 일이다. 하지만 당신의 "교회적인" 생각이 당신의 삶에 다른 영역을 침범한다면 다른 사람들은 이해하지 못한다. 그들에게 그런 생각은 그들의 점심 식사에 영향을 미치는 인터넷상의 워크래프트Warcraft 게임 세상과 같게 여겨진다. 완전히 분리된 것이고 서로 연관성이 없다.

하지만 사실은 우리의 삶에서 우리가 경험하는 것이 다른 영역과 분리되지 못한다. 특히, 그리스도 안에서 전체적이고 완전하게 만들어진 사람들인 우리는 우리 안의 분리된 영역이 잘못된 생각이라고 여긴다. 삶의 모든 영역이 다른 모든 영역에 영향을 끼친다. 영향이 작든 크든 함께 묶여 있다.

오래 전에 테트리스Tetris라고 불리는 인기 있는 새 비디오 게임을 계속했던 기억이 난다. 당신이 모를 수도 있어서 설명하자면 테트리스는 여러 색깔 있는 블록 정사각형, 직사각형, L자형이 화면 위에서 무작위로 떨어지는 게임이다. 플레이어는 떨어지는 블록을 바닥에 있는 블록 사이에 완벽하게 끼워 맞추어야 한다. 블록 사이에 비어 있는 틈이 없도록 블록을 쌓아야 한다. 만일 남아 있는 블록이 줄을 채워서 남아 있는 틈이 없다면 줄이 없어지고 다음 단계로 넘어간다. 이미 언급했듯이, 나는 이 게임을 많이 했다. 내가 유치한 컴퓨터 게임을 함으로 인해 예배에 해로운 영향을 미칠 거라고는 생각조차 하지 못했다. 그러나 어느 주일 아침 교회에서 예배드리기 위해 눈을 감았을 때 색깔 있는 블록이 떨어지는 광경이 보였다. 예수님께 집중하는 대신에 겉보기에 해롭지 않은 블록이 떨어지는 컴퓨터 화면을 떠올리고 있었던 것이다. 내가 테트리스를 너무 많이 했다는 생각이 들었고 고칠 필요가 있었다.

상상속의 "현실"에 덧붙여서 물질 세상이 궁극적인 현실이라는 개념 또한 계속해서 우리에게 퍼부어지는 생각이다. 이로 인해 하나님에 대한 우리의 관점이 점점 사라진다. 적어도 우리는 잠재의식적으로 모든 것을 두 개의 분리된 범주로 나눌 것이다. 자연적인 세상과 초자연적인 세상이 있다. 물론 예수 그리스도를 믿는 자로써 우리는 초자연적인 세상이 가장 중요하다고 말할 것이다. 그러나 솔직히 우리 대부분 관심사는 자연적인 세상에 초점이 맞추어져 있다. 우리가 쉽게 보고 듣고 느끼고 맛보고 냄새 맡는 것은 우리의 중심에 자리 잡고 있다. 하나님, 믿음, 기도, 예배 등등 "초자연적인" 세상은 옆으로 밀려나 있다.

한 가지 상황을 들어보고자 한다. 회사에서 당신에게 승진을 권한다고 가정해 보자. 당신의 첫 번째 반응은 무엇일까? 당신이 해왔던 노력, 긴 시간, 창의성 그리고 근면성실함을 보람되게 여길 것인가? 당신의 학식이 남보다 앞서 더 높이 평가된 것에 대해 자축할 것인가? 핸드폰을 꺼내 그 기쁜 소식을 가족과 친구들에게 알릴 것인가? 이 모든 것들은 당신의 첫 번째 반응이 될 수 있다. 그러나 첫 번째 반응으로 당신에게 그런 능력과 재능을 주신 하나님께 겸손하게 고개 숙여 감사드릴 수 있는가? 당신의 바로 첫 번째 반응으로?

이런 상황은 어떤가? 크든 작든 어떤 질병을 앓을 때 대부분의 기독교인의 첫 번째 반응은 "기도로 주님께 맡겨드리자"가 아니다. 대신에 우리의 첫 번째 반응은 의사에게 전화해서 진찰 예약을 하는 것이다. 내 말의 의도를 오해하지 말라. 하나님이 의사를 통해 종종 일하신다는 것을 잘 알고 있다. 그러나 우리의 제일 첫 번째 생각이 궁극적인 치유자되신 하나님을 향하지 않는다면 현실이 뚜렷한 두 부분으로 나뉜다고 믿고 더 심하게는 자연적인 세상이 초자연적인 세상보다 우위에 서게 된다. 현실적으로 하나님을 향한 우리의 믿음은 두 번째이다.

사실 자연적인 세상과 초자연적인 세상을 나누는 양분화는 잘못된 것이다. 하나님이 모든 것을 창조하셨다. 우리가 보이는 것과 보이지 않는 것을 분리시킬 때 잃어버릴 수 있는 창조성 속에 응집성과 완전성이 있다. 보이는 것에 너무 많이 초점을 맞추면 보이지 않는 것은 무시되어 삶에서 사라지게 된다.

육적인 세상과 영적인 세상을 서로 분리시키는 것은 역사 속에서도 존재한다. 하지만 현대 과학적인 생각으로 인해 확고히 선두 자리를 잡고 있다. "현대" 시대와 과학적 발견은 인류에게 무수히 많은 방식으로 이롭다. 그러나 그런 잇점으로 인해 그에 상응하는 위협도 있다. 우리의 재화와 부는 방대하게 증가하고 있지만 그 모든 것을 주신 하나님을 쉽게 잊는다.

그렇게 많은 세상 속에서 동시에 "사는" 능력은 서로 조화롭게 살도록 이 모든 세상을 만드신 하나님을 무시할 때 주의 영광을 드러내도록 지은바된 우리의 목적을 뒷전으로 밀어낼 수 있다. 분리된 삶을 살면서 우리가 하는 모든 것과 다른 것의 연결을 끊으면 다양한 영역에서 하나님의 존재를 놓치게 된다.

그렇다면 우리는 어떻게 해야 할까? 우리는 삶을 전체로 인식해야 한다. 만약 당신의 삶의 일부분이 다른 것과 분리된 것처럼 보인다면 그 일부분의 타당성을 평가해야 한다. 하나님께 영광 돌리기 위해 당신의 삶의 모든 영역에서 하나님을 우선시하라. 그것이 진정한 예배의 핵심이다. 우리가 이렇게 하면 우리의 공예배Corporate Worship가 천국에서 드리는 예배와 같이 충만하고 완전한 예배가 될 것이다.

☞ 더 깊게 생각하기

- 우리와 아버지 사이를 갈라놓으려는 적의 우선적인 도구는 정말로 참되고 중요한 것이 무엇인지를 속이고 거짓말하는 것이다. 당신은 사탄의 지배하에 있는 세상이 정말로 참되고 중요하다고 여기는 것과 하나님이 말씀하시는 정말로 참되고 중요한 것의 주된 차이가 무엇이라고 생각하는가?

- 만일 우리가 우리의 삶을 이렇게 분리한다면 하나님이 가장 구별된 분이시라는 것을 확실히 하기 위해 영적인 건강을 향상시킬 최고의 방법이 있는가? 그렇게 다양한 영역에서 제 기능을 하며 살아갈 수 있는 분별력을 가진 최고의 방법이 무엇이라고 생각하는가?

- 당신의 삶의 어떤 영역에서 하나님을 향한 완전한 위탁을 포기하게 만드는 가장 큰 장애물이 있는가?

우리는 초점을 잘못 맞추고 있다

최근에 22구경 소총으로 사냥을 하러 갔다. 진짜 사냥꾼은 아니고 스포츠 취미로 사냥하러 갔다. 사냥하는 방법에 대한 지시 사항을 따라 시야를 안팎으로 조정하며 정조준을 할 수 있도록 초점을 맞추었다. 초점이 점점 더 가까워졌다. 15분이 지나자 초점이 제대로 잘 맞춰진 것 같았다. 하지만 나는 명사수는 아니다. 그때 초점이 약간 빗나갔다는 것을 알게 되었다. 소총을 밑으로 내리고 다시 조정해야 했다. 그리고 나서 정조준 조정을 다시 시작했다.

초점이 빗나가서 맞지 않을 때 내가 쏘는 한 발이 빗나갈 거라는 것을 나는 알고 있었다. 명백한 사실이지만 이것은 우리의 예배도 마찬가지이다. 만일 우리의 초점이 잘못 맞추어져 있다면 우리의 예배도 빗나갈 것이다.

요한계시록을 통해 볼 수 있는 천국에서 드리는 예배의 짤막한 모습이 우리가 기대하고 있는 무엇인가를 언젠가 우리에게 주려고 글로 쓴 멋진 생각 그 이상임을 이해해야 한다. 오히려 그 모습은 천국에서 드리는 예배와 점점 더 비슷한 예배를 지금 우리가 드리도록 밀어 붙이면서 우리의 예배의 패턴에 도움을 주기 위한 것이다.

나는 많은 형태로 이 땅에서 드리는 예배를 보았고 경험했다. 수십 개의 다양한 회당에서 드리는 예배를 드렸고 다른 나라와 여러 인종이 모인 곳에서도 예배를 드렸다. 흑인 오순절파 교회에서는 예배 시간에 소리치고 춤추는 것이 당연했다. 재미없는, 심지어 금기시하는 '스토아 철학 계통과 같은 고교회파 교회 stoic—high-Church'에서 많은 형식주의자들과 함께 예배를 드린 적도 있다. 감흥이 없고 예의 없이 청바지와 맨발로 커피 한잔을 들고 드리는 예배도 가본 적도 있다. 심지어 의도하지 않았지만 진짜 다문화 가정들만 모여 있는 몇 안 되는 교회도 가본 적이 있다. 나는 모든 세상적인 예배 모습을 정말 많이 보았다.

하지만 천국에서 드리는 예배를 힐끗 보면 진정한 예배에 대해 내가 이해했던 것에 이의를 제기할 수도 있다. 전심으로 부끄러움 없이 보좌 앞에서 드리는 확고히 고정된 예배는 나를 잠시 머뭇거리게 한다. 매우 자유롭고 눈치 보지 않고 표현하는 예배를 내가 본 적이 있는지 궁금하기 시작한다. 부끄럽게도 나는 그런 헌신적인 예배를 드렸던 적이 전혀 없다.

종종 요즘의 우리의 예배는 성의 없는 태도를 보인다. 열정이나 열광이 거의 없다. 우리의 대부분은 예배의 목적인 주님 그 분보다 오히려 우리의 편안함을 생각하느라 더 많은 시간을 보낸다.

로버트 웨버 박사는 교회를 일깨우는 악평으로 이름을 날리기 오래 전에 다음과 같은 제목으로 글을 썼다.

"예배를 예배답게 드리자Let's Put Worship into the Worship Service" 이 글에서 그는 명언을 남겼다.

예배로의 잘못된 접근은 개혁자들을 동요하게 했다. 중세 교회는 사람들이 예배를 드리지 못하게 했고 그 대신에 미사 참석자와 성가대가 섬기는 것만 중요시했다. 다른 사람들은 마치 그들의 연극을 보는 것 같았다. 개혁자들의 대단한 업적은 사람들이 다시 예배를 드리게 한 것이었다. 이제 우리는 제 자리로 돌아왔다.

예배가 사람들의 것이 아니라 누군가가 우리를 위해 해 주는 것이 되었다. 그러나 성경 말씀에 예배는 하나님이 중심이 되어야 한다고 말한다. 진정한 예배를 위해 대리자에게 등을 돌리고 진정으로 하나님께 예배드리는 사람이 된다는 것이 무슨 의미인지를 배워야 한다.[23]

거의 30년 전 필체로 적힌 이 말은 지금도 예언적인 말로 들린다. 우리 그리고 우리의 선호도, 기호, 욕구가 예배의 초점이 될 때 천국에서 드리는 예배로 가는 걸음을 상당히 빼앗기게 된다. 그런 생각은 우리가 요한계시록에서 보는 것과 전혀 가깝지 않다. 그들 중 어느 누구도 말씀이 특이하다거나 멜로디가 익숙하지 않다고 해서 예배를 멈추거나 팔짱을 끼거나 예배에 참여하는 것을 꺼리지 않는다.

솔직히 말해서 천국에서 드리는 예배의 관점에서 그런 생각은 터무니없는 것이다. 우리가 상상하기조차 불가능한 모습일 수도 있겠지만 우리가 드리는 예배 속에서 규칙적으로 나타나는 모습이다. 아마도 이 땅에서 드리는 예배의 초점이 천국에서 드리는 예배의 모습, 심지어 본질과 어긋나서일 것이다.

사실상 하나님이 누구이시고 하나님이 무엇을 하셨는지에

대한 확고한 기정사실이 있다.

이 글의 맨 처음 페이지에서 언급한 예배에 대한 글을 다시 읽어 보기 바란다. 그 내용을 자세히 보고 스스로 "초점이 뭐지?"라고 묻길 바란다. 그것이 예배자에 관한 것인지 예배를 받는 하나님에 관한 것인지도 묻길 바란다.

그런데 이에 대한 대답을 찾는 가장 쉬운 방법은 이 질문들 속에 누가 그리고 어떤 말이 동사를 이끄는지 결정하면 된다. 예를 들어, "내가 주께 예배드린다."라고 가정해 보자. 비록 이 문장은 하나님께 드린다고 표현되어 있지만 실제로 하나님에 관한 것이 아니다. 나에 관한 것이고 내가 무엇을 하는지에 대한 것이다. "내가 예배드린다..." 유사하게도 이 말에 뒤이어 "영원히, 우리는 하나님께 영광 돌려 드립니다."라는 말은 우리에 관한 것이고 우리가 무엇을 할 건지에 관한 것이다. 우리는 이렇게 하나님께 말하지만 중요한 것은 이 말의 요지다. 이 두 가지 예시에서 동사는 우리가 한다는 것이다. 주님이 하는 것이 아니라 우리가 하는 행동이 우리가 하는 말의 초점이 된다.

이런 말을 사용하는 것이 단연코 잘못되었다고 강조하고 있는 것이 아님을 이해하길 바란다. 하지만 천국에서 드리는 예배의 모습이 이런 식으로 나타나지 않는다는 것은 강조하고 싶다. 우리에 관한 말과 우리가 행하는 것은 초점이 우리에게 맞춰진 이 사회에서는 꼭 맞지만 교회에서 주님을 주된 초점에서 감히 제거할 수는 없는 일이다.

만일 우리가 그렇게 하면 우리의 예배는 현실적으로 다른 종교에서 드리는 경건과 다르지 않다. 하나님으로부터 받는 것과 내가 하는 것에 초점이 맞추어져 있는 예배, 진정으로 주의 이름으로 하나님께 영광 돌리면서 하나님이 누구신지 그리고 하나님이 무엇을 하셨는지에 대한 생각이 전혀 없는 예배.

이제 이해가 되었다면 다시 한번 더 천국에서 드리는 예배의 모습에 관한 글을 읽어보기 바란다.

* * *

"거룩, 거룩, 거룩하신 전지전능하신 주님, 항상 있으셨고 지금도 살아 계시고 다시 오실 주님." (1)

"우리의 하나님이신 주님, 찬양과 영광과 권세를 받기에 합당하십니다. 하나님께서 모든 것을 지으셨으니 하나님을 기쁘시게

해 드리기 위해 모든 것이 있나이다."(2)

"두루마리를 들고 봉인을 푸실 수 있는 유일하신 주님, 죽임 당하시고 그 보혈로 모든 족속과 방언과 백성과 민족을 구원하신 주님, 주께서 모든 백성들에게 하나님을 향한 왕국과 제사장을 주셨습니다. 그리고 그들이 이 땅에 왕 노릇 하리로다."(5)

"어린 양 되신 죽임 당하신 주님, 권세와 부와 지혜와 힘과 명예와 영광과 축복 받기에 합당하시나이다."(6)

"축복과 명예와 영광과 권세가 오직 보좌에 앉으신 주님, 어린 양 한분께 세세토록 영원히 있을지어다!"(7)

"구원은 오직 보좌에 앉으신 하나님과 어린 양에게 있나이다!"(8)

"아멘! 축복과 영광과 지혜와 감사와 명예와 권세가 하나님께 세세토록 영원히 있을지어다! 아멘."(11)

* * *

요한계시록 5장 10절 하반절을 제외하고 "그들이 땅에서 왕 노릇 하리로다" 위에 기도문은 초점이 한 곳에만 맞춰져 있다. 주님, 그 분이 누구신지 그가 무엇을 하셨는지. 심지어 "그들이 왕 노릇한다"는 부분은 하나님이 하신 일에서 나온 말이다. 아니 더 정확히 말하자면 이 말씀 속에 자기 인식은 전혀 없다. 즉 나에 관한 것이 아니다. 오직 주님, 그 분이 누구이시고 그 분이 무엇을 했는지에 관한 것이다.

말로 내뱉은 말도 중요하지만 말하지 않은 말도 중요하다. "주님, 우리가 주 앞에 엎드립니다." 또는 "전지전능하신 주님, 우리가 주의 발 앞에 우리의 왕관을 내려놓습니다."라는 말은 나오지 않는다. 무수히 많은 예배자들이 그들 자신에 대해 말하지 않는다. 대놓고 말하든 애매하게 말하든 "저 좀 봐주세요."라는 말도 없다. 처음부터 끝까지 초점은 오직 하나님 한 분에게만 있다.

수년 전에 여러 번 목회자들이 이런 질문을 하는 것을 들은 적이 있다. "기도가 하는 일이 놀랍지 않은가?" 사실상 이 질문에 대한 답은, "아니오!"이다. 기도는 아무것도 할 수 없다. 기도가 하나님께 상달되어 하나님이 일하시는 것이다.

이 질문은 그가 애정을 갖는 직장에 대해 질문 받았을 때 그가 직장에 타고 가는 차에 대해 말하는 것과 같다. "제 차를 많이 타고 다녔지만 여전히 카풀을 할 만큼 충분히 잘 나갑니다. 가속페달은 아주 훌륭하죠. 안전 등급도 말씀 드렸던가요? 정말 대단한…" 그는 계속해서 직장에 갈 때 타는 자동차 얘기만 하고 직장에 대한 얘기는 하지 않는다. 하지만 자동차는 그가 직장을 갈 때 유일한 탈 것일 뿐이다. 마찬가지로 기도가 목적이 되어서는 안 된다. 그것은 탈 것에 불과하다.

유사하게도 우리에게 예배가 중요한 쟁점이 된다면 우리는 주된 초점을 놓치는 것이다. 우리의 찬양, "주님께 예배드립니다. I worship You"를 부를 때 우리는 말한 대로 행하지 않는다. 초점이 하나님께 있어야 하는데 나와 내 예배에 초점이 맞춰져 있는 것이다.

C. S. 루이스C.S. Lewis는 다음에 관해 말했다.

"완벽한 교회 예배는 우리가 거의 인식하지 못하는 예배이다. 우리의 관심이 하나님께 가 있기 때문이다. 그러나 많은 신기한 것들이 이를 막는다. 예배 자체에 우리의 관심이 고정되면 예배에 대한 생각이 예배와 별개가 되어 버린다."[24]

루이스의 말은 맞는 말이다.

최근 인터넷으로 예배 인도자에 관한 글을 읽은 적이 있다. 글의 내용 중 한 부분에서 작가가 예배를 드릴 때 부르는 찬양에 대한 지나친 강조에 대해 언급했다. 특히 한 문장이 눈에 띄었다. "예배의 초점은 음악이 아니라 예배이다." 사실상 이 또한 요지를 빗나갔다. 우리가 드리는 예배의 초점은 결코 예배 자체가 아니라 항상 하나님이 되어야 한다.

요한계시록에 나오는 천국에서 드리는 예배와 이 땅의 교회, 특히 미국 교회에서 드리는 예배 사이의 아주 중요한 차이점이 바로 이것이라고 생각한다. 우리 예배의 진정한 초점이 되어야 하는 것을 너무 자주 놓친다.

시편과 다른 성경 구절이 예배자 즉 예배를 받으시는 하나님과 반대되는 입장에 대해 강조하고 있다는 것을 내가 이미 알고 있음을 알아주기 바란다. 내가 그런 말이 무조건 잘못 되었거나 결코 틀렸다고 주장하는 것이 아니다. 그 대신에 균형을 맞출 필요가 있다고 말하는 것이다.

오늘날 교회에서 너무 많은 말과 찬양을 하는 것은 우리의 문제이다. 당신과 나에게 너무 자주 초점이 맞추어져 있다. 크리스천 가수 겸 작곡가인 스코트 웨슬리 브라운Scott Wesley

Brown은 "천국에서 드리는 예배는 우리의 개인적인 경험, 전통, 상상 그리고 방식에 인질로 잡혀 있다." [25]라고 말했다. 이는 일부 우리의 문화 때문이거나 단지 우리의 죄성 때문일지도 모른다. 원인이 무엇이든지 간에 우리는 의도적으로 중심을 우리로부터 옮겨서 하나님께로 바로 향하게 해야 한다.

하나님께로 바로 향하여 있지 않은 찬양이 회중이 부르기에 무조건 옳지 않다고 하는 말이 아니다. 어떤 찬양은 우리를 향한 하나님의 사랑을 노래하고 또 어떤 찬양은 우리를 향한 하나님의 선하심 또는 그 분의 언약을 노래한다. 이 찬양들은 좋은 찬양이고 우리의 심령과 생각을 예배하는 내내 하나님을 향하도록 할 수 있다. 그러나 궁극적으로 우리의 초점이 주님 한 분에게 향해야 한다는 것이 중요하다. 그렇지 않으면 우리가 진정으로 예배를 드린다고 말할 수 없다. 우리는 좋고 의미 있고 심지어 심금을 울리는 찬양을 부를 수도 있다. 하지만 만약 초점이 결코 주님 한 분에게 맞춰져 있지 않다면 그것은 예배가 아니다. 또다시 말하지만 그런 찬양을 하는 것이 나쁘다는 말은 아니다. 특별한 예배에는 완벽한 찬양일 수 있다. 만일 하나님이 중심이 되지 않는다면 우리가 드리는 것이 진정한 예배가 아니라는 것을 인식하라. [26] '워십 리더 매거진Worship Leader magazine'에 최근 실린 글에서 시카고에 있는 '하베스트 바이블 채플Harvest

Bible Chapel'의 담임목사 제임스 맥도날드James MacDonald가 비슷한 의견을 했다. 여기에 짧은 발췌가 있다.

> 지나치게 엄격히 의미를 분석하고 싶지는 않지만 만일 우리가 우리의 바로 그 존재 목적을 정확히 수용하기를 원한다면 정의를 명확히 할 필요가 있다. 예배는 하나님의 합당하심을 직접적으로 올려 드리는 실질적인 행위이다. 예배적인 행동은(예를 들어, 글의 전반부에 다른 사람을 향한 친절과 관대함과 같은 행동을 의미한다.) 이것을 간접적으로 행하는 것이지만 성경말씀이 명령하고 권고하시기는 예배드릴 때 가장 최고의 표현을 하라고 한다. 이것은 직접적이고 의도적이며 수직적인 경배의 표현 외에 다른 무엇도 아니다. 꼭 찬양 곡으로 표현될 필요는 없지만 "흠모" 이상의 것이 되기 위해 직접적으로 표현해야 하고 하나님의 합당하심을 실질적으로 올려 드려야 한다. [27]

"왜 예배는 아무런 의미가 없는가Why Worship Means Nothing"라는 제목의 글에서 인기 있는 블로거이자 예배 인도자인 킴 젠테스Kim Gentes는 최근에 비슷한 결론을 공유했다.

> 잠시 동안 40년의 세월을 되돌려 놓으려 한다. 만약 당신이 언어학자, 학자 그리고 성경 번역가에게 "예배"의 의미가 무엇인지

묻는다면 성경적인 사용에 따라 "순종, 희생 그리고 복종을 나타내는 정해진 행동과 순간"과 유사한 답을 듣게 될 것이다. 그러나 오늘날 예배라는 말은 "모든 것"에 대한 완곡 표현이다. 이것은 성경이 변했기 때문이 아니라 우리가 그 말을 정의하는 데 성경을 주요 참고문헌으로 사용하지 않기 때문이다. 그리고 지난 30년 간 인기 있는 예배 운동을 통해 우리는 "예배"라는 말을 그 운동과 관련 있는 모든 것 또는 어떤 것에 접목시켰다. 나도 그러했고 다른 사람들도 그랬으며 우리 모두가 그렇게 했다. 하지만 우리 모두 틀렸다.[28]

비록 그들이 매우 다른 관점으로 같은 주제를 바라보았지만 내 생각에 맥도날드의 관점도 젠테스의 관점도 목표는 올바르게 잡았다. 예배는 하나님께 직접 드려져야 한다. 만약 하나님이 초점이 아니면 그것은 진짜 예배라고 부를 수 없다.

종종 옳지 않은 초점의 문제가 인도자들 사이에서 더 심하게 나타난다. 공예배에서 인도자는 무심코 잘못된 메시지를 전할 수 있다. 실내장식과 장비가 의도치 않게 부적절한 신호를 교회 참석자들에게 보낼 수 있다. 편한 의자, 극장 스타일 그리고 강대상의 밝은 조명이 쇼를 즐기는 분위기를 조성할 수 있다. 의도치 않게 아마도 전혀 생각지도 못한 것인데 이로 인해 예배에 함께 하기로 약속하시고 함께 하고 계신 하나님께 관심을 쏟지 못하게 된다.

내 아들 중 한 아들이 최근에 한 기독교 컨퍼런스에 참석했다. 예배 시간 동안 그 "장소"의 불빛은 어두웠고 색깔 있는 조명이 앞에 나와 있는 연주자들을 비추었다. 인도자가 "우리는 여러분들이 이것을 쇼로 보지 않기를 원합니다."라고 말하기 시작했다.

내 아들은 회중 속에 앉아서 생각했다. 만일 당신들이 이것을 쇼로 보지 않기를 원한다면 왜 색깔 있는 조명을 고른 것인가? 아들이 정곡을 찔렀다.

이것이 세대 차이가 아님을 이해해 주기 바란다. 내 아들은 이제 겨우 22살이다. 나만큼 늙지 않았다. 하지만 예배의 중심이 우리가 아니라 하나님이라는 것을 알고 있다.

우리가 겪었듯이 내 아들도 엄청난 관점의 말을 했던 것이다. 주요 불빛이 어두운 상태로 예배드린 것이 이번이 처음은 아니었다. 아들은 이것을 이상하다고 말했다. 왜냐하면 천국에는 이런 어둠이 없을 것이기 때문이다. 그래서 예배드릴 때 조명이 어두운 교회에서 항상 예배드리는 사람들에게 천국은 우리가 느끼는 것보다 훨씬 낯설게 느껴질 것이다. 또 다른 중요한 요지이다.

아마도 예배를 쇼로 만들지 않으려고 해도 결국은 그렇게 될 때가 있다. 아마도 앞줄에 있는 사람들을 부각시키지 않는 것이 좋을 듯하다. 그러면 하나님을 향한 우리의 관심에만 집중할 수 있다. A. W. 토저A. W. Tozer는 이렇게 말했다.

"예배드릴 수 없는 교회는 즐거워야 한다. 그리고 교회를 예배드리도록 인도하지 못하는 인도자는 즐거움을 주어야 한다." [29]

비록 토저가 50년 전에 이 말을 했지만 그리고 이 말은 불쾌하지만 오늘날에도 적용되는 말이다. 만일 우리가 가진 전부가 "활기찬" 밴드와 몇 개의 예쁜 조명이라면 우리는 짐을 싸서 집으로 가는 게 낫다. 세상이 이것들을 줄 수 있다.

최근에 스코트 웨슬리 브라운이 멋진 말을 했다.
"예배 인도자는 주인의 집을 지키는 청지기이다. 그는 손님을 즐겁게 해 주는 자가 아니라 그들을 주인에게 데리고 가는 자이다." [30]

이 말은 단지 멋지고 경건하게 들리는 의견이 아니다. 이것은 사실이다. 만약 인도자가 사람들을 하나님께로 우선적으로 이끌지 않는다면 사람들을 예배드리도록 진정으로 돕는 자가 아니다.

내가 여행할 때 강대상의 불은 점점 밝히되 예배당의 불은 점점 낮추는 문제에 대한 질문을 받은 적이 있다. 솔직히 강대상의 투광조명등floodlights의 흐릿한 불빛이 주위 다른 사람들에 대해 덜 걱정할 수 있는 "안전한" 환경을 만들 수 있다. 그러나 이것은 비 참여를 유도하는 커다란 잠재성을 더 흔하게 줄 수 있다. 아무도 보지 않으면 나는 내가 원하는 것을 할 수 있다. 더 중요한 점은 내가 지금 하고 싶지 않다고 느끼는 것을 하지 않게 된다. 적극적으로 예배에 참여하는 것.

비록 우리가 하나님께 예배드리기 위해 지은바 되었을 지라도 우리의 육적인 본성이 이와 맞서 싸운다. 비 참여의 분위기를 조성하면 사람들이 이 육적인 본성을 택하기 쉬워진다.

예배 인도자들이 종종 나에게 이렇게 묻는다. "어떻게 해야 성도들을 예배에 더 많이 참여시킬 수 있나요?" 이러한 질문을 대중 속에서, 내가 그들을 난처하게 하거나 모욕감을 느끼게 하고 싶지 않는 곳에서 받지 않는다면 나는 보통 질문으로 답한다.

- 당신은 찬양이 시작될 때 예배당의 불빛을 흐리게 하시나요?
- 강대상의 불빛이 쇼처럼 보이는 분위기를 만드나요?
- 혹시 당신은 찬양할 때 성도들이 자신의 목소리를 들을 수 없을 만큼 크게 부르시나요?
- 새롭고 어려운 찬양을 많이 부르시나요?

보통 그들은 이 질문 중 대부분 혹은 전부 다 맞다고 대답한다. 그러면 나는 다음과 같이 또 묻는다. "그리고 왜 성도들이 참여하지 않는지 궁금하십니까?" 나는 이 질문이 굉장히 이해하기 어려운 질문이라고 생각하지 않는다.

얼마 전에 나는 주일 아침 한 교회를 방문했다. 그 교회가 그날 아침 예배드리는 동안 겪었던 기술적인 문제는 절제였다. 찬양을 부르는 단원과 예배 인도자의 기타가 음향을 매끄럽지 못하게 했다. 음향을 시끄럽게 만들었다가 조용했다가 다시 시끄럽게 만들었다.

음향 담당자 중 한 명이 서둘러서 강대상으로 올라가 고치려고 애썼다. 예배 인도자에게 최악의 상황이었다. 회중 예배를 수천 번 이상 이끈 경험이 있는 나는 이 상황이 결코 일어나지 않았으면 하고 바라지만 가끔 일어나는 상황 중에 하나라는 것을 알고 있었다.

이러한 특별한 상황에 회중이 하는 반응에 나는 기절할 뻔했다. 성도들은 거의 박자를 놓치지 않았다. 목사님들 중 한 분이 강대상으로 올라가 그들의 찬양을 하나님께 더 크게 올려 드리자고 요청했다. 한 명, 두 명 주께 엄청난 기쁨으로 소리 높였다.

그의 위대하심, 그의 선하심, 그의 자비, 그의 위엄, 그의 거룩함, 그의 신뢰함, 등등 그들은 계속했다. 노래를 부른 것은 아니지만 그럼에도 불구하고 이것은 예배였다. 회중은 음향 기능을 정상화시키려는, 정신없는 노력에는 관심이 없었다. 그들의 시선은 오직 왕에게 고정되었다.

나는 과연 몇 개나 되는 교회가 이렇게 예배를 무너져 내리지 않게 만들 수 있는지 궁금했다. 대부분의 회중 속에서 성도들은 문제에 너무 많은 관심을 쏟아서 진정한 요지를 놓치게 된다. 하나님께 예배드리기. 아마도 우리는 성도들을 너무 전적으로 예배를 인도하는 사람에게 의존해서 그의 인도가 없이는 예배드릴 수 없다고 인식시켰던 것 같다. 그러나 천국에서 드리는 예배에 인도자는 없다. 그런 인도자는 불필요하다. 왜일까? 왜냐하면 당신의 초점이 하나님께 고정되어서 아무것도 문제될 것이 없기 때문이다. 잠재적인 산만함은 방해가 되지 않는다. 이 땅에서의 예배와 비교해 보면 모든 것이 흐려진다.

예배에서 인도자를 없애야 한다고 말하는 것은 아니다. 다시 말하자면 이 땅과 천국 사이에 질적인 차이가 있다. 우리는 지금 이 곳에서 쉽게 산만해진다. 우리가 하나님께 관심을 집중할 수 있도록 도와주는 누군가가 있으면 좋다. 내가 언급했던 예배에서 목사님들 중 한 분이 강대상에 올라가 성도들이 하나님을 향한 목소리를 내도록 유도했다. 그 분의 빠른 대처가 예배를 올바르게 올려 드릴 수 있도록 초점을 맞추는 데 도움을 주었다. 하나님의 사람으로서 우리는 그 분께 우리의 시선을 맞추는 법을 더 많이 배워야 한다. 우리 주위에 어떤 것이 있든 그 분께 예배드려야 한다.

우리는 우리의 예배의 목적이신 전지전능하신 하나님께로 다시 초점을 돌려놓아야 한다. 주변의 다른 것은 정말로 중요하지 않다. 그것 또한 가치가 있지만 그 가치는 주님과 같은 수준의 가치가 아닐 뿐만 아니라 같은 수준 축에도 들지 않는다. 만일 주님이 우리의 예배의 단 하나의 주된 초점이 되지 않는다면 이것은 명백히 뭔가 잘못되었다.

☞ 더 깊게 생각하기

- 만일 당신이 천국에서 있을 법한 일을 고려해, 생각하는 모든 것을 시작하고 행할 수 있다면 어떻게 당신의 삶에 변화가 생길 것이라 생각하는가? 구체적이고 특정적이고 현실적인 방법으로 답하라.

- 당신의 경험이 예배의 중심이 아니라 하나님이 예배의 중심이라는 것을 알게 됨으로 인해 당신에게 어떤 변화가 생기는지 설명하라.

- 만약 당신이 섬기는 교회에서 드리는 예배에 하나님께 초점을 맞추는데 방해가 되는 것 중 위에 언급한 방해요소에 해당되는 것이 있다면 그것이 무엇인가? 이 방해요소에 구애 받지 않고 하나님께 초점을 맞추기 위해 무엇을 할 수 있고 무엇을 할 것인가?

우리는 하나님에 대한
잘못된 인식을 가지고 있다

우리 문화 속에 대부분의 기독교인들은 하나님에 대한 극도로 잘못된 인식을 가지고 있다. 우리가 세상 모든 것 속에서 많은 시간을 보내기 때문에 하나님을 단지 우리 자신의 더 큰 아니 훨씬 더 큰 형상으로만 생각한다. 만약 우리에게 나쁜 일이 생기면 하나님을 복수하시는 분으로, 인색하신 분으로 간주한다. 만일 매우 긍정적인 일이 생기면 하나님을 선하시고 심성이 좋으신 분으로 생각한다. 그러나 우리가 그 분을 '존재' 그대로 여긴다면 예배에 대한 우리의 접근 또한 달라질 수 있다.

천국에서 하나님에 대한 우리의 지식은 완성되고 완벽해질 것이다. 지금 이 땅에서는 이것이 적용되지 않는다. 그곳에서 우리는 하나님을 존재 그대로 알게 될 것이다. 우리가 그 분을 얼굴 대 얼굴로 마주볼 것이다. 지금 이 땅에서는 그런 특권을 누릴 수 없다.

우리가 이 땅에 있는 동안 하나님에 대한 우리의 지식은 오직 하나님의 말씀을 통해서 습득된다. 말씀을 통해 그 분께서 객관적으로 스스로를 드러내셨기 때문이다. 물론 우리가 자연, 아름다움, 감정 그리고 다른 사람들과 같은 다른 요소들을 통해 하나님에 대해 알게 될 수도 있다. 하지만 이것들은 주관적이다. 하나님의 말씀의 객관적인 진리는 우리가 이 땅에서 그려볼 수 있는 가장 완전하고 정확한 그림을 보여준다. 사실 우리가 하나님의 말씀을 통해 하나님을 더 알면 알아갈수록 우리의 예배는 더 완전해지고 천국에서 드리는 예배와 더욱 가깝게 될 것이다.

나는 최근에 스마트 폰을 갖게 되었다. 나는 이미 스마트 폰이 놀라운 능력을 가지고 있다는 것을 알고 있었다. 하지만 내가 스마트 폰을 사용하면 할수록 그 기술에 더욱 감탄했다. 물론 이전의 핸드폰과 같이 전화, 문자 그리고 그림 그리는데 스마트 폰을 사용한다. 하지만 이런 기능은 스마트 폰의 잠재적 능력에 비하면 아주 작은 기능일 뿐이다. 몇 초 만에 지구 어느 곳이나 날씨를 확인할 수 있다. 게다가 내가 탈 다음 비행기를 제 시간에 탈 수 있는지도 알 수 있고 그 비행기를 예약할 수도 있으며 예약한 비행기의 탑승권이 내 스마트 폰으로 전송이 되어서 종이로 된 탑승권을 따로 챙겨갈 필요가 없다. 음악을 듣고 사진을 보고 인터넷을 검색하고 최근 뉴스를 확인하고 내 스케줄을 점검하며 심지어 아침에 모닝콜 설정도 할 수 있다. 그리고 스마트 폰이 할 수 있는 기능을 훑어만 보면 된다. 특별한 물건을 사기에 가장 좋은 장소를 찾을 때 바코드를 스캔해서 매우 손쉽게 찾을 수 있다. 나는 스마트 폰에 기타를 연주하게 해 주는 어플을 깔아 놓았다. 게다가 그 어플은 기타 코드 검색창이 있어서 내가 기타 코드를 입력하면 어떻게 그 코드로 기타를 연주할 수 있는지 보여준다. 심지어 피아노와 드럼도 연주할 수 있다. 내가 이 대단한 기계를 알고 이해할수록 점점 더 놀라움을 느꼈다.

내 아내와 나는 30년 보다 더 오래 전에 결혼했다. 스마트 폰으로 점점 놀라게 되는 것과 유사하게 아내와 함께 하면 할수록 그녀에 대한 나의 사랑이 깊어진다. 그녀에 대한 나의 이해심이 더 커진다. 그녀를 더 잘 알게 된다. 원래 그녀에게 느꼈던 매력이 오랫동안 보다 보니 지금 한층 더 커진다.

이 모든 것을 통해 이렇게 정의할 수 있다. 하나님께 완전히 예배드리기 위해 우리는 하나님을 '존재' 그대로 알아야 한다. 하나님을 하늘에 계신 우리의 친구로 피상적으로 이해하는 것이 아니라 존재 그대로 완전히 하나님을 이해해야 한다. 왜 그럴까? 왜냐하면 우리가 진정으로 하나님을 알고 우리가 원하는 대로가 아닌 하나님을 있는 그대로 안다고 말할 수 있다면 우리는 그분께 더 많이 전심으로 예배드릴 수 있다.

하나님이 성경말씀으로 우리에게 나타나셨으니 성경말씀을 묵상할 때마다 우리를 예배로 인도하는 주된 부분이 명백해지는 것 같다. 하나님을 있는 그대로 그리고 하나님이 행하신 일을 말씀을 통해 묵도하는 것은 예배를 드릴 때 우리의 마음과 생각이 그 분을 향해 맞춰지도록 만든다.

작가이자 목사인 글렌 패키엄Glenn Packiam이 이와 같이 말했다.

"오늘날 공예배Corporate Worship를 드리고자 하는 사람들이 '하나님에 대한 진실이 무엇인가요?'라는 질문 대신에 너무 자주 '내 마음 안에 무엇이 있나요?'라는 질문을 한다. 그러나 진정으로 드리는 예배는 참 진리로 드리는 예배와 다르다. 진심 어린 사람들, 올바른 다른 사람들." [31]

그의 말은 맞는 말이다. 그의 말씀 속에 드러난 진리는 이 땅에서 드리는 우리의 예배를 이끌고 형성하는 절대적인 뒷받침이 되어야 한다.

내가 서두에서 언급했던 요한계시록의 환상 부분에 관한 글은 이사야 6장에서 읽을 수 있다. 이사야는 주님을 높이 들린 분으로 보았고 이사야서에 위대한 천사들인 세피림seraphim에 대한 글도 있다. 세피림은 여섯 개의 날개를 가지고 있었지만 두개의 날개만 사용해서 날아다녔다. 나머지 날개는 그들의 얼굴과 다리를 가리는 데 사용했다. 왜 그들이 그렇게 했는지 궁금해 본 적 있는가? 이상하지 않은가?

겸손함이 없었거나 하나님을 향한 경건이 없었다면 이것이 가능한 일일까? 오해하지는 말라. 세피림은 위대하고 전능한 생명체이지만 하나님께 비할 바가 못 된다. 하나님 다음 순서도 안 된다. 아니 가장 높으신 주님에 비하면 이들은 1조 분의 47번째쯤 될 것이다. 주님 앞에 서 있는 그들은 그 사실을 알고 있었다. 아마도 얼굴과 발을 덮는 것이 당연히 해야 할 행동이었을 것이다. 그들은 부끄럽지는 않았지만 보좌 위에 계신 하나님께 다가가지 말아야 한다는 강한 생각이 있었을 것이다. 만물의 창조주와 나란히 서 있을 때 그들은 "그는 하나님이시다. 그리고 나는 아무것도 아니다."라는 것을 깨달았던 것 같다.

A. W. 토저는 이런 식으로 말했다.

"요즘 우리가 하나님에 대한 충분히 높은 견해를 가지고 있지 않기 때문에 예배를 드릴 수 없다. 하나님이 사라졌고 변형됐고 편집됐고 변화되었으며 수정되었다. 이사야가 보았던 높이 들린 하나님이 아닌 다른 무언가가 되어 버렸다." [32]

토저는 또 덧붙여 말했다.

"그리스도는 지식을 수반하는 경이로움과 두려움이 없다면 결코 알 수 없는 분이다. 그 분은 만만 중에 가장 공의로우시며 높이 전지전능하신 주님이시다. 그 분은 죄인들의 친구이자 사탄에게 두려운 존재이시다. 그 분은 온화하고 겸손하시며 모든 사람들의 재판장이 되시는 주님이요 그리스도이시다. 그 분을 친밀하게 알지 못하는 사람은 그 분의 존재에 대해 경솔해질 수 있다." [33]

토저의 말은 확실히 사실이다. 습관화는 시간이 지남에 따라 우리의 놀라움이 시들해진다는 것을 뜻하는 심리학 용어이다. 우리가 무엇을 하든 그것에 익숙해지면 한때 우리를 놀라게 했던 것이 평범해지고 일상이 되어 버린다. 커플이 "사랑이 식었다"고 말하는 것이 이 때문이다. 안타까운 진실은 우리가 주님과의 관계에 있어서도 너무 쉽게 이런 습관화에 빠진다는 것이다. 우리는 그 분에게 익숙해졌고 더 이상 그 분을 경건하게 생각하지 않는다.

오늘날 문화 속에서 우리가 하나님을 무기력화시킨다는 것은 사실이다. 신비로움과 경이로움이 무색해졌지만 여전히 하나님은 우리가 상상하는 것 이상으로 훨씬 위대하시다. 내 스마트폰이나 심지어 내 아내와 달리 하나님은 무한하시다. 우리는 그 분의 존재의 깊이를 결코 헤아릴 수 없다.

짧은 상상 여행을 떠나고자 한다. 당신이 섬기는 교회에서 다음 주말에 회중 예배를 드린다고 가정해 보자. 그런데 예배 중에 갑자기 크고 명료한 목소리가 성전에 울려 퍼진다. 당신에게 천둥소리나 아마도 파도의 요란한 소리로 들릴 수도 있다. 물론 호기심이 생겨 이 땅에서 이런 소리를 내는 모든 것들을 떠올리며 당신은 소리가 나는 곳을 보려고 할 것이다. 하지만 당신 뒤에서 난 그 소리가 무엇이든지 간에 결코 예상하지 못할 것이다. 얼굴이 해 같이 빛나는데 그 빛이 너무 밝아서 손으로 눈을 가려야 하는 사람과 같은 모습을 보게 될 것이다. 심지어 그 밝은 빛 속에서 그 분이 뚜렷한 이글거리고 번쩍거리며 날카로운 모습의 눈을 가지고 있음을 볼 수 있다. 그 분의 입술에서 날카로운 양날의 검이 나온다. 반짝거리는 수북한 흰색 머리카락을 가지고 계신 그 분은 길고 환하게 빛나는 금으로 된 흉갑을 두른 길고 눈부시게 흰 의복을 입고 계신다. 모습과 느낌의 불협화음을 보여주시면서 그 분은 담대하고 힘 있게 말씀하신다.

"나는 처음이요 마지막이다. 나는 살아있다. 내가 비록 죽었지만 부활하였고 내 생명은 영원토록 있다. 내 손에 있는 열쇠가 보이는가? 이 열쇠로 죽음의 문을 닫고 열 수 있고 지옥의 문도 열고 닫을 수 있다." [34]

나는 당신이 지금 당장 눈을 감고 이 장면을 떠올릴 수 있는 장소로 가길 바란다. 승천하신 그리스도를 하나님의 눈부시게 빛나는 영광으로 생각하라. 그 분의 얼굴은 해처럼 빛나고 목소리는 크게 울리나 당신에게는 너무나도 관대하신 분이다.

만일 내가 위에서 묘사했던 이런 장면이 이번 주말에 당신이 섬기는 교회에서 진짜로 일어난다면 어떻게 반응할 것인가? 내 생각에 당신이나 나는 사도 요한이 주님을 이런 식으로 보았을 때 했던 반응과 비슷한 반응을 할 것이다.

"내가 그를 보았을 때, 나는 마치 죽은 사람처럼 그 분의 발 앞에서 쓰러졌다."[35]

나는 땅 위에 수평으로 뻗어 있었다. "마치 죽은 사람처럼"

요한계시록 후반부에서 요한은 예수님을 다시 보았다. 그러나 이번에는 예수님이 말 위에 타고 계셨다. 성경말씀은 그 분의 이름이 신실하시고 참 진리 되신다고 말한다. 다시 한번 더 그 분은 똑같이 이글거리는 눈을 가지셨고 입에서 똑 같은 검이 나왔다. 그 분은 모든 주들의 주님이시고 왕 중에 왕으로써 적합한 자리를 차지하게 되셨다. [36]

이러한 묘사는 명백히 부활하신 그리스도의 모습을 설명하는 것이다. 그 분을 이런 모습으로 본 사람은 요한과 똑 같은 반응을 할 것이다. 그 분 앞에 엎드린다. 우리가 통상적으로 예배라는 말을 사용하는 방법에 비해 예배는 너무 빈약한 말 같다. 우리가 통상적으로 "예배드린다"는 말만큼 강하게 반응하지는 않지만 그 분을 있는 그대로 바라볼 때 제대로 예배를 드리게 될 것이다.

요한의 환상은 전능하시고 왕으로 오신 주님에 대한 묘사로

끝나지 않는다. 몇몇 구절을 알아보고자 한다.

"이제 하나님의 거처가 사람들이 있는 곳으로 정해졌으니 그 분은 그들과 함께 살 것이다. 그들은 그의 백성이 되고 하나님은 그들과 함께 있을 것이고 그들의 하나님이 될 것이다. 그 분은 그들의 눈에 흐르는 모든 눈물을 닦아줄 것이다. 그곳에는 이전 것들이 다 사라졌기 때문에 더 이상의 죽음도 신음도 통곡도 고통도 없을 것이다."[37]

그리고 예수님이 이 말에 덧붙인다.

"나는 새로운 것을 만들 것이다. 나는 알파와 오메가요 시작과 끝이니라. 목마른 자에게 아무런 대가 없이 생수의 강을 마시게 해 줄 것이다."[38]

백성을 매우 사랑하시는 하나님의 얼마나 멋진 장면인가!

모든 것을 창조하신 하나님 그 분이 당신과 나를 사랑한다 하시며 손을 내미셨다. 우리가 그 분을 외면하면 창조주이신 그 분은 창조물을 전멸시키고 다시 시작할 수 있으시지만 그렇게 하지 않으셨다. 그의 유일하신 독생자의 생명의 대가로 우리를 몸값을 요구하셨다. 비록 이것이 그 분의 고통과 아픔이 될지라도 기꺼이 그의 생명을 내려 놓으셨다. 우리가 섬기는 하나님은 얼마나 비할 데가 없고 위대하신 하나님이신가!

주님은 성경말씀에서 선하시고 자비로우실 뿐만 아니라 강력하고 전능하신 분으로도 나와 있다. 오랜 기간 식사 기도에서 "하나님은 위대하시고 하나님은 선하십니다."라고 말하는 것처럼.

우리가 바라는 하나님이 아니라 진실로 그 분의 위대하심과 그 분의 선하심을 바로 알고 그 분의 영원하신 말씀에 기초해 하나님을 진짜로 묘사할 수 있을 때 우리의 예배는 천국에서 드리는 예배와 훨씬 더 비슷해 질 것이다. 그런 점에서 우리는 하나님의 말씀을 계속 읽고 그 분이 정말 어떤 분이신지 알아야 한다.

☞ 더 깊게 생각하기

- 만일 우리가 우리의 기대치를 충족시켜주는 방법에 따라 하나님을 바라보고 하나님께 반응하는 경향이 있다면 이런 상황에서 하나님은 정말 누구이신가? 자신의 답을 설명하라.

- 우리의 관점에 비추어 말씀을 주의 깊게 관찰하면 우리의 주된 목적이 무엇이 되겠는가? (이에 대해 빌립보서 3장 8절~11절을 참고하기 바란다.)

- 하나님이 누구이신지 깊이 묵상하기 위해 얼마나 부지런히 성경 말씀을 읽는지 스스로를 0에서 10까지 등급을 매겨보라. (0은 "전혀"이고 10은 "인간적으로 가능한 많이"를 의미한다.) 등급을 더 좋게 받기 위해 무엇을 할 수 있는가?

우리는 살아계신 주님께 경건하지 않는다

내 지인 중에 한 명이 최근에 주일 아침 한 교회를 방문한 적이 있다고 말했다. 그 교회에서 12시간 30분 동안 예배드리는 동안 많은 교인들이 도넛을 먹고 커피를 마시러 나갔다가 들어왔다고 말했다. 나는 충격을 받았다. 내 몸이 바로 반응을 했다. 도대체 인도자가 누구길래 그렇게 하도록 가만히 두었단 말인가? 믿는 자들이 그런 행동을 하는데 용납해 준단 말인가? 이게 예배라고? 나는 동의할 수 없다!

우리 가족과 친한 친구들 중 몇몇이 그들이 섬기는 교회에 청년 목회자이다. 그들은 청년 예배에 오는 누구든지 환영한다. 이 예배에 참석하는 청년들이 워낙 다양하기 때문에 인도자가 기본적인 성경 말씀에서부터 예배가 무엇인지까지 전부 가르친다. 예배에 참석한 10대들이 제일 앞자리에 앉고 다른 사람들은 그들이 앉고자 하는 자리에 앉는다. 과거에 그들은 자리에 앉으면 작지 않은 목소리로 서로 대화를 했다. 청년 목회자인 내 친구들은 이것을 그대로 내버려 두고 참으면 그들은 결국 "하나님을 섬기지 않는 무례한 수준"까지 도달할 것이라는 생각이 들었다. 내 친구들의 생각은 옳았다.

기독교의 두드러진 특징 중 하나는 우리와 함께 하시는 하나님이다. 물론 하나님이 모든 곳에 존재한다는 것을 우리는 안다. 신학 용어로 하나님은 편재하는 분이시다. 그러나 주님은 항상 우리와 함께 있고 결코 우리를 떠나지 않겠다고 약속하셨다(신명기 31:6, 8, 시편 118:6-7). 주님은 그 분의 백성과 함께 살고 계신다. 코란에 나오는 알라신이 약속한 그 언약과 다르다. 유일하신 하나님의 유대 기독교적 유산은 담대한 언약이었다.

그러나 신약에서 예수님이 전적으로 새로운 이념을 주셨다. 그 분은 "두세 사람이 내 이름으로 모인 곳에는 나도 그들 중에 있느니라"(마태복음 18:20)는 약속을 하셨다. 우리가 예수님의 이름으로 모인 그 때 특별한 일이 일어난다. 승천하신 그리스도가 우리 가운데 다시 오신다. 정확히 이것이 무슨 의미이고 어떻게 이런 일이 생기는지는 답할 수 없다. 솔직히 이 땅에서 어떤 누구도 이에 대해 정확하게 답할 수 없을 것이다. 이것은 하나님의 신비로움의 일부이다. 우리가 아는 것은 예수님이 그 곳에 함께 하신다는 것이다. 예수님께서 우리에게 상세한 설명을 하시지는 않으셨지만 그 분이 신뢰할만하다는 것을 우리는 안다. 그래서 만일 예수님이 그 분의 이름으로 모인 곳에 함께 하시겠다고 약속하셨다면 당연히 그 곳에 계신 것이다. 그 분은 이사야가 "높이 들린" 주님을 보았을 때와 같이 진짜로 살아 계신다(이사야 6:1).

물론 우리는 이사야처럼 주님을 실제로 볼 수는 없다. 하지만 그 분은 그때나 지금이나 한결같이 살아 계신다. 주님은 그 분을 예배하기 위해 모인 곳 어디에서나 계신다. 우리가 그 분을 느끼든 느끼지 않던 중요하지 않다. 우리가 주님에 대한 다른 부분을 믿는 것과 같이 이 또한 믿음으로 믿어져야 한다. 그 분이 약속하셨고 우리는 그것을 믿어야 한다. 그 분은 그 곳에 살아서 함께 하신다.

수년 전에 내 아들들과 나는 우리 집 진입로에서 농구를 하곤 했다. 내가 농구 선수만큼 잘하지는 못했지만 내 아들들이 고등학교에 들어가기 전까지 시합을 붙을 정도의 실력은 있었다. 하지만 우리가 진입로에서 농구를 한 것이 NBA 챔피언 농구 대회와 비교할 만큼은 아니었다. 사실상 당신이 그 둘을 비교하려고 한다면 우리가 했던 농구 시합이 NBA 챔피언 농구 대회와 비슷했는지 궁금할 수도 있다.

유사하게도 멋진 찬양을 듣고 다른 사람과 얘기를 하려고 예배에 나온 사람들은 예수님의 이름으로 정직하게 전심으로 예배드리기 위해 나온 사람들과 비교가 될 수 없다. 만일 예수님이 "두세 사람이 내 이름으로 모인 곳에는 나도 그들 중에 있느니라"라는 말씀을 진심으로 하셨다면 우리의 행동에 예수님이 함께 하신다는 그 사실이 반응하여 나타나야 한다. 그러나 안타깝게도 항상 나타나는 것은 아니다. 이 장의 서두에 언급했던 두 교회처럼 우리는 너무 자주, 너무 격식 없이 행한다. 우리 가운데 승천하신 그리스도의 신비로움이 사라진 것이다.

고대 성당이나 현대의 가게 앞이나 그 외 어느 곳이든 예배를 드리기 위해 우리가 함께 모인 그 곳이 특별한 영적인 연결고리는 없다. 신성한 장소와 신성하지 않은 장소가 없음을 예수님께서 명명하셨다는 것을 우리가 이해한다면 "교회"라고 지정된 건물에서 예배를 드리기 위해 모이는 것이 데니의 집 뒷방에 예배를 드리기 위해 모이는 것보다 나은 것이 없다. 그러나 반드시 알아야 할 중요한 것은 그리스도가 함께 하시기에 우리가 모이는 모든 장소가 신성하다는 것이다. 왕은 우리 가운데 좌정하러 오신다.

　　미국 대통령이 원하면 언제든 탈 수 있는 보잉 747기를 두 대 가지고 있다고 들은 적이 있다. 둘 다 최고 사령관을 위한 개인 사무실이 내재되어 있다. 둘 다 규범을 벗어난 특별 유도 장치를 싣고 있다. 둘은 똑같이 생긴 비행기이다. 그러나 둘 다 미국 대통령 전용기는 아니다. 이 둘은 대통령이 올라타기 전까지 개별 신호만 기다리며 대기하고 있다가 대통령이 올라타면 순식간에 돌변한다. 외관이 달라지는 것은 아니다. 그 비행기의 기능도 여전히 변함없다. 하지만 그 비행기가 갑자기 미국 대통령 전용기가 된다. 왜 그럴까? 왜냐하면 대통령이 탔기 때문이다.

　　똑같이 우리가 예수님의 이름으로 모이면 모든 것은 달라진다. 더 이상 평범한 모임이 아니다. 승천하신 그리스도가 우리 중에 함께 하신다. 모든 규칙은 변한다. 평범한 것이 특별한 것이 된다. 자연적인 것이 초자연적인 것이 된다. 이것은 예수님이 모든 일상을 뛰어 넘으시기 때문이다.

　　우리 중에 계시는 예수님은 정말로 신비롭다. 만일 우리가 주님을 모두 이해한다고 생각한다면 그것은 큰 오산이다. 우리의 유한한 생각으로 무한한 주님을 완전히 이해할 수 없다. 우리는 절대로 할 수 없다. 어떻게 예수님의 이름으로 모인 우리 가운데 예수님이 함께 하실 수 있는가? 우리는 알지 못한다. 정말 신비롭다. 우리의 부족한 이해로는 예수님의 실재하심을 조금도 이해할 수 없다.

주님이 예수님의 이름으로 우리가 모인 자리에 정말로 함께 하신다는 것을 이해하면 우리의 예배는 천국에서 드리는 예배와 훨씬 가까워질 것이다. 더 중요한 것은 천국의 낯선 모습에 불편해 하지 않게 될 것이다. 솔직히 요한계시록에 적힌 예배 모습 속에 갑자기 예배 중에 도넛을 먹고 커피를 마시러 가는 사람들이 있다는 것이 상상이 되는가? 그런 장면이 펼쳐질 것 같은가? 그 장면에 등장하는 많은 사람들이 한참 동안 수다 떨고 있는가? 너무 터무니없는 생각이 아닌가? 그러면 왜 우리는 그런 사람들의 행동을 방관하고 때론 해도 된다고 허락해 주는가? 그런 행동을 너그러이 참아주는 것은 참석자들에게 매우 잘못된 메시지를 전달할 수 있다. "하나님을 가볍게 여겨도 되는구나."라는 메시지를. 결코 그렇지 않다.

히브리서 12장에서 "경건함과 두려움으로 하나님을 기쁘시게 섬길지니 우리 하나님은 소멸하는 불이심이라"(히브리서 12:28-

29)이라고 말씀하신다. 이 말씀은 경건함과 두려움 없는 예배는 받지 않겠다는 말씀이기도 하다. 정신이 번쩍 들게 하는 말씀이다. 나는 우리 사회에 많은 사람들이 경건함을 진정으로 실천하거나 이해하지 못한다고 확신한다. 만일 주님이 우리 가운데 정말로 계신다면 경솔한 태도는 지극히 잘못된 것이다.

내가 최근에 A. W. 토저의 글을 많이 읽었다는 것을 이 책을 통해 눈치 챘을 것이다. 그는 가끔 냉정하게 말하기도 하지만 많은 사람들의 관점에 그는 성경적 밧줄로 교회를 안전하게 지키려고 노력한 20세기 최고의 저명한 저자들 중에 한 명이었다. 비록 그가 50년 전에 죽었지만 그의 글을 통해 지금도 그가 사람들에게 말하고 있는 것처럼 생생히 전달되고 있다. 그는 종종 예배에 대한 주제만 나오면 정곡을 찌르는 말을 했다. 토저는 이렇게 말했다.

"평범한 교회에 가면 내 영혼이 슬픔을 느낀다. 우리가 예배에서 하나님의 신성불가침을 급격히 잃어가는 세대가 된 것 같기 때문이다. 우리가 가르쳤던 많은 다음 세대들이 더 이상 경건함을 생각하지 않고 심지어 하나님의 존재하심을 의심하는 것 같다."[39]

주님이 우리 가운데 있다는 것을 정말로 믿는다면 실제 더 잘 믿어야 하지만 우리가 행동하는 방법이나 말하는 것이나 행하는 것이 모두 중요하게 될 것이다.

만일 당신이 버킹검 궁전에 초대 받아 영국 여왕을 만나러 간다면 당신은 먼저 여왕을 만나면 어떤 행동을 해야 할지 생각할 것이다. 단언컨대 당신은 방으로 걸어 들어가거나 근처 소파에 어슬렁어슬렁 걸어 다니거나 털썩 주저앉거나 발을 올리면서 "야, 여왕! 별일 없니?"라고 말하지 않을 것이다. 왜냐하면 이런 행동은 귀족들 사이에서 하지 말아야 할 행동이기 때문이다. 우리는 그것을 알고 있다.

이 땅의 관점에서 우리보다 높은 사람에게 대해야 하는 적절한 행동에 대해 우리는 이미 알고 있다. 직장에서 우리는 직장 동료에게 대하는 태도와 회사 CEO나 사장님께 대하는 태도가 다르다. 우리는 우리의 아이들과 손님에게 다르게 대한다. 국회의원과 만날 때 친구들에게 친하게 대하는 것처럼 그에게 친하게 대하지 않는다. 이런 다른 행동은 우리에게도 적용된다. 우리는 이런 상황을 이해하는 데 많은 시간을 투자하지 않는다. 왜 우리보다 훨씬 높으신 하나님과 함께 할 때 해야 할 적절한 행동이 무엇인지 알면서도 실천하지 않는가?

요한계시록에 나오는 예배의 모습을 또다시 살펴보자. 그의 묘사는 상세하고 생생하다. 그는 모든 것을 주의 깊게 기록했다. 요한이 부적절한 상황이 일어나고 있음을 알려주는 아주 작은 암시를 제시했다면 우리는 알아차렸을 것이다. 그는 정말 우리에게 말해 주었을 것이다. 그는 천국을 보았고 천국에 대해 썼고 우리 모두에게 그것을 읽게 해 주었다. 하지만 잘못된 것은 없었다. 어떤 경솔한 태도도 어떤 "흠, 또 예배군."이라는 생각조차 없었다. 명백히 구부정한 자세의 사람도 프리첼 과자를 먹는 바삭거리는 소리도 없었다. 한쪽에서 대화하는 사람도 없었고 최근 뉴스를 업데이트 하는 사람도 없었고 핸드폰이나 태블릿으로 페이스북 게시글을 확인하는 사람도 없었다. 모두가 전지전능하신 하나님께 경건한 태도로 있었다.

예수님이 예수님의 이름으로 모인 우리 가운데 정말로 계시다면 우리의 태도는 달라져야 한다. 천국의 백성들이 예수님을 볼 수 있는 것처럼 우리가 예수님을 볼 수 있는 것은 아니다. 그러나 우리가 말씀으로 그 분을 의지하면 그는 정말 그 자리에 함께 하신다. 예수님은 특별한 방법으로 존재하신다. 그래서 아무 것도 문제될 것이 없다. 비교해보면 다른 모든 것은 지루하고 시시하다.

이 장을 끝마치기 전에 몇 가지 덧붙이고 싶은 생각이 있다.

수년 간 나는 하나님과의 관계를 최우선시하라고 언급해 왔다. 결국 관계는 창조의 원인이 되기 때문이다. 예수님이 말씀하시기를 이것이 첫째요 가장 중요한 명령이라고 하셨다. 주님과의 관계는 모든 다른 것보다 우선이 되어야 한다.

그러나 그 관계에 있어서 두 가지 양상을 이해해야 한다. 객관성과 경험성이다. 객관성은 그리스도의 죗값의 희생을 믿음으로 생기는 것이다. 예수님의 죽음과 부활을 믿는 것은 하나님과 바른 관계에 있는 것이다. 관계의 객관적인 부분이다. 그러나 주관성 즉, 경험성은 말 그대로 경험을 더 중요시하는 것이다. 옛 찬양, "그가 나와 함께 걸으며 그가 나와 함께 말하며… He walks with me and He talks with me…"에 나오는 가사와 같다.

2세기 전에 기독교인들의 생각은 연합과 교감과 같은 두 다른 양상을 띠었다. 오늘날 말로 하나는 기정사실이다.

"보라 아버지께서 어떠한 사랑을 우리에게 베푸사 하나님의 자녀라 일컬음을 받게 하셨는가, 우리가 그러하도다"(요한일서 3:1, 저자의 강조)

주님의 은총으로 그 관계는 확정된다. 다른 양상은 일상생

활 속에서 "버리는" 관계이다. 전자는 객관성으로 한번 맺으면 영원히 끊어지지 않는 것이고 후자는 주관성으로 주관성에 기초를 둔 경험이다. 전자는 연합이고 후자는 교감이다.

내가 수년간 대화를 나누었던 사람들이 말하기를 관계의 경험적인 양상은 그들이 의도적으로 하나님께로 가까이가면 점차 증가하고 깊어진다고 했다. 맞는 말이다. 왜냐하면 성경은 약속하신다.

"하나님을 가까이하라 그리하면 너희를 가까이 하시리라"(야고보서 4:8)

우리가 하나님 말씀을 읽고 기도하는 데 시간을 쓰려고 노력한다면 그가 우리 가까이 계심을 느낄 수 있다. 그러나 그런 경험은 자동으로 되는 것이 아니다. 가까이 가려고 시간과 수고를 들여야만 한다.

내가 이것을 언급하는 이유는 이 땅에서 적용이 되기 때문이다. 주님의 존재하심을 인식하는 것과 그 존재를 경험하는 것은 사실상 별개이다. 우리가 주님의 이름으로 함께 모여 있을 때 그 분이 함께 하신다고 말씀에서 약속하셨기 때문에 우리는 그 분이 함께 계심을 믿는다. 이것은 객관적인 부분이다. 동시에 예수님이 존재한다는 인식이 점점 증가함을 경험해야 한다.

얼마 전에 우연히 한 설문조사를 통해 정기적으로 교회를 다니는 많은 사람들이 회중으로 모여 있을 때 하나님의 존재를 느낄 수 없다고 말했던 것을 읽게 되었다. 정말 슬픈 일이다. 하지만 이것은 개개인의 상태를 나타내는 것일 뿐이다. 우리가 개인적인 예수님과의 관계 속에서 하나님께 의도적으로 가까이가려고 하지 않는다면 더 큰 회중이 모여 있을 때에도 예수님의 존재를 느끼지 못할 것이다.

물론 천국에서 우리는 예수님이 존재하심을 믿음으로 받아들일 필요가 없다. 명료하고 명백하기 때문이다. 그러나 지금 이곳에서는 상황이 다르다. 하지만 우리가 하나님의 말씀과 기도를 통해 그 분께 더 가까이 가려고 정기적으로 시간을 쓴다면 우리가 드리는 공예배 Corporate Worship에서 더욱 더 주님을 경험하게 될 것이다. 그래서 나는 당신이 하나님께 가까이 갈 수 있도록 자신의 시간을 내어 드리고 노력하기를 바란다. 그러면 주님도 당신을 가까이 할 것이다. 당신은 주님을 더 많이 경험할 것이다.

다음에 회중 예배에 참석하게 되면 진리이시고 진짜이시며 살아계신 전지전능하신 하나님의 존재로 천국이 어떤 모습이 되는지 생각해 보기를 권유한다. 회중 예배에서 우리는 예배를 위해 펌프에 마중물을 부을 필요가 없다. 그 대신에 예배가 우리에게 부어줄 것이다. 그 마중물은 당연한 것이고 명백한 응답이다. 일단 당신이 천국의 모습을 생각해보고 나면 천국에서 우리가 보는 예배의 모습이 꼭 그러하다고 기억하고 우리의 하나님이 살아 계시고 하나님께 예배드리기 위해 우리가 택함 받았음을 기억하라.

☞ 더 깊게 생각하기

- 만일 당신 가운데 계시는 주 예수님의 바로 그 존재를 믿고 그것을 중요하게 여기기로 선택했다면 교회에서 드리는 예배에 대한 당신의 참여는 어떻게 달라지겠는가?

- 당신과 다른 사람들이 가지고 있는 그런 사고방식을 무엇으로 추구해나갈 수 있는가?

- 얼마나 많이 혹은 얼마나 적게 주 예수님을 경건하게 대하는지를 어떻게 교회에서 드리는 예배가 나타낸다고 생각하는가? 자세히 설명하라.

- 나는 우리가 말씀과 기도를 통해 주님께로 더 가까이 가는 시간을 투자해야 한다고 말했다. 만일 당신이 다른 일정은 다 제쳐두고 주님을 향한 당신의 사랑을 더욱 증가시키고 다른 누구보다 당신을 가장 많이 사랑하는 주님을 알기 위해 말씀만 읽고 공부하는 데 모든 시간을 투자한다면 어떤 일이 생길까?

나가는 말

바바라 웬트로블Barbara Wentroble은 그녀의 책, ≪능력 있는 기도Praying with Authority≫에서 흥미로운 말을 했다.

성경책을 통해 하나님은 우리에게 천국이 어떤 모습인지 보여주신다. 하나님은 우리가 천국을 향한 향수병으로 인해 이 땅을 떠나 천국으로 가기를 소망하기를 원해 우리에게 이런 모습을 보여주신 것이 아니다. 하나님은 이 땅의 모습이 천국과 같기를 원하셔서 우리에게 천국의 모습을 보여주신 것이다. [40]

내가 전적으로 이 말에 동의하지는 않는다. 히브리서 11장에 따르면 지금 이 땅에서 우리에게 천국을 향한 갈망 즉 향수병이 있어야 한다고 말씀하신다. 그러나 동시에 웬트로블의 말에도 일리가 있다. 천국을 힐끗 보는 것만으로도 진짜 삶의 모습이 어떠해야 하는지 알 수 있게 해 주고 지금 이 땅에서 그 모습대로 따르게 해 주기 때문이다.

이 책에서 내가 쓰고자 하는 주된 목적은 우리가 인도자이든 참석자이든 똑같이 예배를 드리는 예배자로 천국에서 드리는 예배를 닮은 예배를 드리도록 노력하기를 도전하고 격려하는 것이다. 예배는 어떤 형태의 찬양이나 특별한 표현을 좋아하고 좋아하지 않는 문제가 아니다. "우리가 늘 이렇게 해 왔다."는 식의 전통에 관한 문제도 아니다. 예배를 드리는 동안 또는 예배드린 후에 당신이 얼마나 선하다고 느끼는지에 관한 것도 아니다. 진정한 예배는 온 마음과 뜻과 힘을 다해 우리의 예배의 목적 되신 전지전능하신 하나님께 초점을 맞추는 것이다.

찰스 스퍼전Charles Spurgeon은 요한계시록 21장 23절 말씀, "어린 양이 그 등불이 되심이라"에 대해 이렇게 말했다.

> 조용히 천국의 등불이신 어린 양을 묵상하라. 성경말씀에 등불은 기쁨의 상징이다. 천국에 있는 성도들의 기쁨이 이로 말미암아 생긴다. 예수님이 우리를 선택하셨고 사랑하셨고 핏

값으로 사셨고 깨끗하게 하셨고 악으로부터 빼앗으셨고 지키셨고
영광스럽게 하셨다. 우리는 전적으로 주 예수님으로 말미암아
살아있다. 등불은 또한 아름다움을 만든다. 등불이 없으면
아름다움도 사라진다. 등불이 없으면 어떤 사파이어도 반짝일 수
없고 진주에서 나오는 평화로운 광선도 있을 수 없다.
그리고 모든 성도들의 아름다움도 다 예수님으로 말미암아
존재한다. 행성들 또한 공의의 태양 등불을 나타낸다. 그것들은
중심에 있는 보주가 보내는 광선으로 살아간다. 만약 주님이
중단하시면 그것들은 다 죽는다. 만약 주님의 영광이 가리어지면
그들의 영광은 소멸된다. 등불은 또한 지식의 상징이다.
천국에서 우리의 지식은 완벽하지만 주 예수님 한 분만이 그
지식의 근원이 된다. 전에는 결코 이해할 수 없었던 어둠의 섭리가
깨끗이 거둬질 것이고 지금 우리를 혼돈스럽게 만드는 모든 것도
그 어린 양의 등불로 분명해질 것이다.
오! 얼마나 멋진 장면이며 사랑의 하나님의 영광인가!… 어떤
눈부신, 매우 빛나는 광경이 펼쳐지든지 간에 예수님은 모든 것의
중심이고 영이시다. 오! 왕 중에 왕이시고 주님들 중에 주님이신
예수님의 등불로 살아서 예수님을 볼 수 있다니! [41]

당신이 어떤 사람인지는 모르나 그 날을 함께 보길 원한다.
그날까지 내 목표는 천국에서 드리는 예배와 같은 예배를 이 땅

에서 더 많이 드리게 하는 것이다.

데이비드 제레미야David Jeremiah 박사는 캘리포니아 샌디에이고에 있는 섀도우 마운틴 커뮤니티 교회Shadow Mountain Community Church의 목사로 다음과 같이 말했다.

"우리가 드리는 찬양과 예배의 최고조는 이 땅에서 성취하고자 하시는 주님의 목적의 '최고 마지막'에 우리가 더 가까이 다가갈 때이며 궁극적으로 천국에서 드리는 하나님을 향한 찬양으로 끝이 날 때인 주님의 마지막 때에 나타날 것이다." [42]

우리는 곧 예배를 방해하는 요소가 없는 집으로 갈 것이다. 우리는 그저 읽은 것으로만 그치는 것이 아니라 하나님이 원하시는 신실하고 완전한 예배를 경험하게 될 것이다.

CCC*의 창시자인 빌 브라이트Bill Bright는 그의 책 ≪집으로 가는 여정The Journey Home≫에서 이것을 잘 묘사했다.

살아계신 주님이자 구세주이신 예수님께 사로잡힌 채로 우리는 항상 영광스러운 예배의 삶을 살기를 기대한다. 아무도 "예배의 순서"에 얽매이지 않는다. 아무도 예배의 "형식"에 구애 받지 않는다. 하나님 아버지께서 제대로 정리해 주셨다. 독생자 예수님이 모든 시선의 중심이다. 성령님이 찬양을 인도한다. 놀라운 은혜로 구원 받은 죄인들의 입술로 왕 중에 왕이시고 주님들 중에 주님이신 예수님을 향해 호산나를 외친다… 43

하늘 보좌에 앉아계신 예수님 그 어린 양께 찬양과 명예와 영광과 권세가 세세토록 영원히 있을지어다! 아멘!

---

* 그리스도를 위한 캠퍼스 크루세이드, Campus Crusade for Christ

더 깊게 생각하기

- 이 책을 읽는 동안 알게 된 주요 몇 가지를 짧게 목록으로 만들어라.

- 이제 당신이 따르기를 원한다고 생각하는 한 가지를 선택하고 당신이 무엇을 하기를 원하고 왜 그렇게 하기를 원하며 어떻게 그것을 할 것인지 가능한 상세하게 설명하라.

마지막 메모

나는 다른 무엇보다 저작권 문제 때문에 성경말씀(내가 원래 쓰던 글과 가르침의 주된 일탈임)의 다양한 번역 버전을 의도적으로 사용했다. 이 글에서 쓰고자 한 범위가 원래 성경 말씀에서 직접적인 인용을 하여 종전보다 훨씬 더 광범위했기 때문에 하나의 번역본을 너무 많이 사용하면 저작권 위반이 될 수 있다. 그래서 내가 쓴 대로 이 프로젝트를 진전시켰음에도 불구하고 다양한 번역을 사용하기로 결정했다.

각 주

1 요한계시록 4:8, NLT

2 요한계시록 4:11, NLT

3 요한계시록 5:2, MSG

4 요한계시록 5:5, NIV

5 요한계시록 5:9-10, NLT

6 요한계시록 5:12, NLT

7 요한계시록 5:13, KNJV

8 요한계시록 7:10, NLT

9 시편 3:8, BBE

10 사도행전 4:12, ESV

11 요한계시록 7:12, ESV

12 요한계시록 22:18-19 참고

13 http://www.talkwisdom.blogspot.com/2010/05/eternity-of-worship-in-heaven.html

14 몇몇 교회는 위치에 따라 다양한 민족이 모이지 않는 경우도 있다. 내 친구들 중 몇몇은 근교 교회를 섬긴다. 약 16키로 반경 내에 인구 95퍼센트가 백인인 곳이다. 결국 그들이 섬기는 교회는 압도적으로 백인이 많다. 인구통계상 그것은 금새 바뀌지는 않을 것이다. 그러나 특히 미국에서 인종적 문화적 다양성이 조금이라도 있는 지리학적인 위치가 점점 기준이 되어 가고 있다.

15 아라본에 데이비드 M 베일리가 인용한 그렉 로리의 말: 공동체를 통해 화합을 배우기 & 예배 찬양(Arrabon: Learning Reconciliation Through Community & Worship Music), (모리스빌, N.C.: 룰루 회사, 2011), 32p.

16 데이비드 M. 베일리, 아라본 : 공동체를 통해 화합을 배우기 & 예배 찬양(Arrabon: Learning Reconciliation Through Community & Worship Music), (모리스빌, N.C.: 룰루 회사, 2011), 32-33p.

17 사실상 우리가 가진 모든 것을 잘 관리해야 한다면 우리의 고막 또한 마찬가지라고 주장하는 바이다. 너무 시끄러운 음악은 시간이 지남에 따라 청각에 손상을 준다. 이것은 의견이 아니다; 과학적이고 의학적으로 증명된 사실이다. 우리는 교회에서 드리는 예배의 소리의 높낮이에 주의해야 한다. 이 주제에 대해 더 정확한

이해를 하기 위해 내가 쓴 글을 읽어보길 바란다. "얼마나 시끄러워야 너무 시끄러운 건가?(How Loud Is Too Loud?)" http://www.training-resources.org/loud_music.html

18 존 웨슬리의 찬양을 위한 규칙, 1761, http:/tobeapilgrim.wordpress.com/2007/10/05/john-wesleys-rules-for-singing-1761/

19 스테픈 앨트로게, "남자들이여, 남자답게 예배를 드리자(Men, Let's Worship Like Real Men)" 블레싱 센터 블로그, http://www.theblazingcenter.com, 2012년 10월 18일

20 마크 앨트로게, "당신의 예배는 하나님에 대해 무엇을 말하는가(What Does Your Worship Say About God)" 블레싱 센터 블로그, http://www.theblazingcenter.com, 2012.10.19.

21 존 제퍼슨 데이비스, 예배와 하나님에 관한 진실(Worship and the Reality of God), (일리노이주 다우너스 그로브, IVP 아카데미, 2010), 23p.

22 크리스 갬빌, 페이스북에 개시한 글, 2012.5.11.

23 로버트 웨버 박사, "예배를 진정한 예배로 드리자(Let's Put Worship into the Worship Service)" 크리스채너티 투데이, 1984,2.17. 52p.

24 C.S. 루이스, 말콤에게 보내는 편지: 주로 기도에 대해(Letters to Malcolm: Chiefly on Prayer), (올란도, FL : 할코트, 1963) 4p.

25 스코트 웨슬리 브라운, "천국의 반대편에서 드리는 예배: 연합된 예배를 위한 부름(Worship This Side of Heaven: The Call for Unified Worship)" http://worship.com/2007/07/worship-this-side-of-heaven-the-call-for-unified-worship/

26 더 완전한 이해를 돕기 위해 내 책, 진정한 예배자 되기(Becoming a True Worshiper)를 읽어보길 바란다. 그 책에 성경적 예배에는 3가지 주요한 요소가 있다는 내용이 적혀 있다: 한 가지는 하나님께 영광 올리는 것이고 또 한 가지는 하나님을 향한 직접적인 예배이고 나머지 하나는 예배자 속에 속하는 것이다. 이 3가지 요소가 없으면 우리가 아무리 중요하고 선하게 예배를 드리더라도 성경적 관점에서는 예배가 아니다.

27 제임스 맥도날드, "부끄러움 없는 경배," 워십 리더 매거진, 2012년 11월/12월, 21p.

28 김 젠테스, "왜 예배는 아무런 의미가 없는가," http://www.kim-gentes.com/thinkjump-journal/2013/2/19/why-worship-means-nothing-thinkjump-journal-83-with-kim-gent.html

29 A. W. 토저, 예배인가? 쇼인가?(Tozer on Worship and Entertainment), (캠프 힐, 펜실베니아: WingsSpread Publishers,1997), 115p.

30 스코트 웨슬리 브라운, 페이스북에 개시한 글, 2012.1.20.

31 글렌 페키엄, 페이스북에 개시한 글, 2011.2.21.

32 A. W. 토저, 예배인가? 쇼인가?(Tozer on Worship and Entertainment), (캠프 힐, 펜실베니아: WingsSpread Publishers, 1997), 23p.

33 32번과 같은 책 67p

34 요한계시록 1:17-18, MSG

35 요한계시록 1:17, NLT

36 요한계시록 19:11-16 참고

37 요한계시록 21:3-4, NIV

38 요한계시록 21:5-6, NIV

39 A. W. 토저, 예배인가? 쇼인가?(Tozer on Worship and Entertainment), (캠프 힐, 펜실베이니아: WingsSpread Publishers, 1997), 85p.

40 바바라 웬트로블, 능력 있는 기도(Praying with Authority), (벤라, 캘리포니아: Regal, 2003), 86p.

41 찰스 스퍼전, 스퍼전의 아침과 저녁 경건(Spurgeon's Morning nd Evening Devotional), 8월 3 AM

42 데이비스 제레미아 박사, 천국의 신비로움을 나타내기(Revealing the Mysteries of Heaven), (샌디에이고, 캘리포니아: 하나님을 향한 터닝 포인트, 2009), 77p.

43 빌 브라이트, 집으로 가는 여정(The Journey Home), (나스빌, 테네스주: 토마스 넬슨, 2003), 155p.